Practise German

Newspaper-Edition

by Dominik Wexenberger

Practise-book for German learners

Level B1

Practise German while reading

ISBN: 9781717826947

Imprint: Independently published

Inhalt

Introduction

First of all thank you for your interest in this book. I hope it will help you a lot and bring you closer to reach your goals regarding the German language. I also would love to read about your experiences with my books, so I would like to invite you to share them with me. Feel free to leave a review on Amazon or go to our website www.idiomata.org and send me an email or find my Facebook-page idiomata-german and drop me a comment there. In the end I'm writing these books for you who wants to learn this beautiful language and every comment is welcome as it helps me to better understand your needs and problems with learning it.

I research in the areas of psychology, linguistics and cognition and I'm interested in understanding how the mind works and processes information, specifically but not only in relation to language. On the other side I'm a language teacher and I teach students based on a methodology that is based on my research and my insights in psycho-linguistics and cognition. Over the years my methodology got ever more successful and my schedule got fuller and fuller. People keep coming and coming and I started to collaborate with two other teachers to meet the demand. It is still not enough to teach everyone who wants to take classes and we are looking into possibilities of expansion with idiomata.org and other institutions to offer our services to even more people.

One solution I have found for the moment is to write the book you are currently holding in your hands. I honestly believe that almost everything what is done to teach languages today in language schools, universities and similar institutions is wrong and I want to change it. There are up to 80% of students dropping out of their language-courses before even reaching an A2-level, in many cases never coming back and giving up the study of foreign languages entirely. The number of people I have met in the past years who think they are too stupid to learn languages is shocking and outrageous. It's a shame because I believe that is a beautiful experience for the human mind to learn and understand a second, a third, a fourth language and feel what it does to a person and the human interaction it makes possible. And it is actually no problem to learn a language and everyone can do it. For many people even speaking a second language is a dream they never achieve to fulfill although they actually could fulfill it quite easily with a better methodology. My dream and my goal is to change the perspective on language teaching and make it possible for everyone to learn not one but several languages in a few years time if it pleases them.

Language is experimental. It has to be used, it has to be spoken and heard to be language. I found over the years that the most effective way of teaching and learning a language is pure interaction, talking, asking, answering to questions, telling stories and so on. In my opinion a student should and needs to build about 10 000 phrases and more to get anywhere near an interesting level of fluency. Nevertheless many students in language courses barely have spoken a 1000 phrases after the first two years.

I have met students who have told me that they went to so called integration-courses and took intensive-classes and accumulated thus around 500 hours of classes – just to be stuck in an eternal A2-level not being able to do anything with it. Their problem is and always will be the lack of application.

The following book is meant to help you with the application. I tried to mimic the mechanics of my classes and put it into the exercises I have crafted for this book. In my classes I work from the very first minute on with pure interaction, making the students talk as much as they are able to. Of course it is impossible to give them a topic and tell them to talk freely about it at the beginning. But what I have found that is absolutely possible is

a) to work with questions and answers and create thus as much interaction as possible
b) to prepare a text through the aforementioned Q&A-routine so that the student can talk about the text freely
c) to create free applications based on the aforementioned routines a) and b)

This book provides the opportunity to students to study on their own or with a partner or even in a class context with a teacher to use the suggested routines and therefore make use of the benefits that this methodology provides and reach the B1-level in German with more ease.

I hope that you find this book most useful,

Dominik Wexenberger

How to use this book

1. Read through the text, check all the vocabulary and make sure that you understand the text completely.

2. Go through the questions one by one and answer them with the help of the text. You are allowed to read the text during this step. Repeat if you feel that you need it.

3. Now cover the text and go through the questions one by one again and answer them without the help of the text. It is not necessary that your answers are 100% grammatically accurate. Focus on application and transmitting the information rather than on perfect grammar.

4. Read the text again.

5. Turn on the Kindle's text-to-speech function and listen to the text. Don't focus on single words. Focus on overall meaning.

6. Now try to tell the whole text. Try to remember as much information as you can. There is no need for completeness. Try to produce as much as possible. Repeat the whole routine if necessary.

7. Try to create your own short story about the topic if you can (optional).

If you have the possibility to study with another person, one can be the teacher asking the question and one can be the student giving the answers. As the book provides you with both the questions and the answers there is no need for an advanced level in German to do the exercises together.

If you are a teacher and want to use the book, I would like to suggest that you divide your students into groups of two and let them do the exercises together. Just be available for questions and make sure that they interact with each other. In fact I have written this book partially with an application in a bigger class-context in mind.

Übung 1: Der Winter ist zu Ende

Hamburg (AFP) Der Winter ist zu Ende und der Frühling beginnt. Das bedeutet, dass die Menschen wieder mehr Zeit im Garten verbringen. Es macht Spaß, in einem Garten voll mit Bäumen, Büschen und verschiedenen Blumen zu sitzen und die Schönheit der Natur zu genießen. Viele Leute wissen aber nicht, dass es im Garten Pflanzen gibt, die für Menschen und Tiere gefährlich sein können. In Deutschland gibt es eine Initiative, die den Namen "Das sichere Haus" (DSH) hat. Die Initiative wird von verschiedenen Institutionen und Vereinen organisiert. Das Ziel der Initiative ist es, Eltern vor den Gefahren im häuslichen Garten zu warnen und zu informieren. Pflanzen wie zum Beispiel die Engelstrompete (siehe Foto) können besonders für kleine Kinder und Haustiere sehr gefährlich sein, weil sie giftig sind. Wenn Kleinkinder oder Haustiere diese Pflanzen in den Mund nehmen oder essen, können sie eine gefährliche Vergiftung haben. Oft braucht es nicht einmal eine große Menge von der giftigen Pflanze, um ein kleines Kind zu vergiften. Die Initiative "Das sichere Haus" bittet deshalb alle Eltern, dass sie besonders vorsichtig sind, wenn sie giftige Pflanzen im Garten haben.

Fragen:

1. Was ist zu Ende?

2. Was beginnt?

3. Was bedeutet das für die Menschen?

4. Wo werden die Menschen wieder mehr Zeit verbringen?

5. Wo macht es viel Spaß zu sitzen?

6. Womit ist der Garten voll?

7. Was macht es Spaß zu genießen?

8. Aber was wissen viele Leute nicht?

9. Für wen können die Pflanzen im Garten gefährlich sein?

10. In Deutschland gibt es jetzt eine Initiative wegen des Themas. Wie heißt sie?

11. Von wem wird die Initiative organisiert?

12. Was ist das Ziel der Initiative?

13. Wen will die Initiative warnen und informieren?

14. Welche Pflanze kann zum Beispiel für kleine Kinder und Haustiere sehr gefährlich sein?

15. Warum kann die Engelstrompete sehr gefährlich sein?

16. Wann können Kleinkinder oder Haustiere eine Vergiftung haben?

17. Was können Kleinkinder oder Haustiere haben, wenn sie diese Pflanze in den Mund nehmen?

18. Braucht es immer eine sehr große Menge, um ein kleines Kind zu vergiften?

19. Für was braucht es oft nicht einmal eine große Menge von der giftigen Pflanze?

20. Um was bittet die Initiative „Das sichere Haus" die Eltern?

21. Wann sollen die Eltern besonders vorsichtig sein?

Lösungen:

1. Was ist zu Ende?

Der Winter ist zu Ende.

2. Was beginnt?

Der Frühling beginnt.

3. Was bedeutet das für die Menschen?

Das bedeutet, dass sie wieder mehr Zeit im Garten verbringen.

4. Wo werden die Menschen wieder mehr Zeit verbringen?

Sie werden wieder mehr Zeit im Garten verbringen.

5. Wo macht es viel Spaß zu sitzen?

Es macht Spaß, im Garten zu sitzen.

6. Womit ist der Garten voll?

Der Garten ist voll mit Bäumen, Büschen und verschiedenen Blumen.

7. Was macht es Spaß zu genießen?

Es macht Spaß, die Schönheit der Natur zu genießen.

8. Aber was wissen viele Leute nicht?

Viele Leute wissen nicht, dass es im Garten gefährliche Pflanzen gibt.

9. Für wen können die Pflanzen im Garten gefährlich sein?

Die Pflanzen können für Menschen und Tiere gefährlich sein.

10. In Deutschland gibt es jetzt eine Initiative wegen des Themas. Wie heißt sie?

Die Initiative heißt „Das sichere Haus".

11. Von wem wird die Initiative organisiert?

Die Initiative wird von verschiedenen Institutionen und Vereinen organisiert.

12. Was ist das Ziel der Initiative?

Die Initiative will vor Gefahren warnen und informieren.

13. Wen will die Initiative warnen und informieren?

Sie will die Eltern warnen und informieren.

14. Welche Pflanze kann zum Beispiel für kleine Kinder und Haustiere sehr gefährlich sein?

Die Engelstrompete kann für kleine Kinder und Haustiere sehr gefährlich sein.

15. Warum kann die Engelstrompete sehr gefährlich sein?

Weil sie giftig ist.

16. Wann können Kleinkinder oder Haustiere eine Vergiftung haben?

Wenn sie diese Pflanzen in den Mund nehmen.

17. Was können Kleinkinder oder Haustiere haben, wenn sie diese Pflanze in den Mund nehmen?

Sie können eine gefährliche Vergiftung haben.

18. Braucht es immer eine sehr große Menge, um ein kleines Kind zu vergiften?

Nein, oft braucht es nicht einmal eine große Menge von der giftigen Pflanze.

19. Für was braucht es oft nicht einmal eine große Menge von der giftigen Pflanze?

Es braucht keine große Menge, um ein kleines Kind zu vergiften.

20. Um was bittet die Initiative „Das sichere Haus" die Eltern?

Die Initiative bittet, dass die Eltern besonders vorsichtig sind.

21. Wann sollen die Eltern besonders vorsichtig sein?

Wenn sie giftige Pflanzen im Garten haben.

Übung 2: Diskriminierung bei Starbucks

Philadelphia (DPA) Vor ein paar Wochen gab es einen großen Skandal in einem Café der Kette Starbucks. Dieser Skandal war nicht nur in den USA ein Thema, sondern man konnte auch international in vielen Zeitungen über das Thema lesen. Die Geschichte passierte in einem Café in Philadelphia. Zwei Afroamerikaner hatten ein Café von Starbucks besucht und sich an einen Tisch gesetzt. Sie wollten auf einen Freund warten, um mit ihm zusammen einen Kaffee in der Filiale zu trinken. Sie wollten aber erst etwas bestellen, wenn ihr Freund im Café angekommen wäre. Als einer der Männer nach einer Weile die Toilette in der Filiale benutzen wollte, gab es Probleme mit dem Personal. Es kam zu einem Streit und am Ende der Diskussion warf das Personal die zwei Männer aus der Filiale und informierte die Polizei. Die Polizei kam und nahm die zwei Männer fest. Die Geschichte wurde national und international als ein typischer Fall von Rassismus in den USA diskutiert. In den USA kommt es immer wieder zu Situationen, in denen Afroamerikaner wegen ihrer Hautfarbe diskriminiert werden. Die Stadt Philadelphia bezahlt nun eine symbolische Entschädigung von einem Dollar an die beiden Männer.

Fragen:

1. Wann gab es einen großen Skandal in einem Café?

2. Wo gab es einen großen Skandal?

3. Was ist Starbucks?

4. War der Skandal nur in den USA ein Thema?

5. Wo passierte die Geschichte?

6. Wer hatte das Café von Starbucks besucht?

7. Was hatten sie im Café gemacht?

8. Auf wen wollten sie warten?

9. Warum wollten sie auf den Freund in der Filiale warten?

10. Haben sie sofort etwas bestellt?

11. Warum haben sie nicht sofort etwas bestellt?

12. Wann wollten sie bestellen?

13. Was wollte einer der Männer nach einer Weile benutzen?

14. Aber was passierte, als er die Toilette benutzen wollte?

15. Zu was kam es dann?

16. Was machte das Personal am der Diskussion mit den zwei Männern?

17. Was machte das Personal außerdem?

18. Was machte die Polizei mit den zwei Männern, als sie kam?

19. Als was wurde der Fall national und international diskutiert?

20. Wurde der Fall nur national in den USA diskutiert?

21. Zu welchen Situation kommt es in den USA immer wieder?

22. Warum werden die Afroamerikaner diskriminiert?

23. Was macht jetzt die Stadt Philadelphia?

24. Wie hoch ist die symbolische Entschädigung?

Lösungen:

1. Wann gab es einen großen Skandal in einem Café?

Vor ein paar Wochen gab es einen großen Skandal.

2. Wo gab es einen großen Skandal?

Es gab einen großen Skandal in einem Café der Kette Starbucks.

3. Was ist Starbucks?

Starbucks ist eine Kette.

4. War der Skandal nur in den USA ein Thema?

Nein, man konnte in vielen internationalen Zeitungen über das Thema lesen.

5. Wo passierte die Geschichte?

Die Geschichte passierte in einem Café in Philadelphia.

6. Wer hatte das Café von Starbucks besucht?

Zwei Afroamerikaner hatten das Café besucht.

7. Was hatten sie im Café gemacht?

Sie hatten sich an einen Tisch gesetzt.

8. Auf wen wollten sie warten?

Sie wollten auf einen Freund warten.

9. Warum wollten sie auf den Freund in der Filiale warten?

Sie wollten auf den Freund warten, um einen Kaffee zu trinken.

10. Haben sie sofort etwas bestellt?

Nein, sie haben nicht sofort etwas bestellt.

11. Warum haben sie nicht sofort etwas bestellt?

Sie wollten erst etwas bestellen, wenn ihr Freund im Café angekommen wäre.

12. Wann wollten sie bestellen?

Wenn ihr Freund im Café angekommen wäre, wollten sie etwas bestellen.

13. Was wollte einer der Männer nach einer Weile benutzen?

Einer der Männer wollte nach einer Weile die Toilette benutzen.

14. Aber was passierte, als er die Toilette benutzen wollte?

Es gab Probleme mit dem Personal.

15. Zu was kam es dann?

Es kam zu einem Streit.

16. Was machte das Personal am der Diskussion mit den zwei Männern?

Es warf die zwei Männer aus der Filiale.

17. Was machte das Personal außerdem?

Es informierte die Polizei.

18. Was machte die Polizei mit den zwei Männern, als sie kam?

Sie nahm die zwei Männer fest.

19. Als was wurde der Fall national und international diskutiert?

Der Fall wurde als typischer Fall von Rassismus in den USA diskutiert.

20. Wurde der Fall nur national in den USA diskutiert?

Nein, er wurde auch international diskutiert.

21. Zu welchen Situation kommt es in den USA immer wieder?

Es kommt immer wieder zu Situationen, in denen Afroamerikaner diskriminiert werden.

22. Warum werden die Afroamerikaner diskriminiert?

Sie werden wegen ihrer Hautfarbe diskriminiert.

23. Was macht jetzt die Stadt Philadelphia?

Sie bezahlt eine symbolische Entschädigung.

24. Wie hoch ist die symbolische Entschädigung?

Sie beträgt einen Dollar.

Übung 3: Parken in der zweiten Reihe

Berlin (DPA) In vielen Städten in Deutschland gibt es heute viel zu viele Autos. Weil es so viele Autos gibt, haben viele Autofahrer große Probleme einen Parkplatz zu finden. Viele Menschen wollen nur schnell in ein Geschäft gehen und ein Produkt kaufen. Oder Paketboten und Lieferanten müssen schnell ein Paket in ein Haus oder ein Geschäft bringen. Oft haben die Leute keine Lust, lange Zeit nach einem Parkplatz zu suchen. Sie fragen sich, warum sie 15 Minuten nach einem Parkplatz suchen sollen, wenn sie nur fünf Minuten einen Einkauf machen wollen. Und ein Paketbote oder ein Lieferant haben generell keine Zeit, um 15 Minuten nach einem Parkplatz zu suchen. Für viele Autofahrer ist deshalb das Parken in der zweiten Reihe eine populäre Lösung. Das Problem ist aber, dass das Parken in der zweiten Reihe gefährlich und ein Risiko für andere Autofahrer und Radfahrer ist. Das Parken in der zweiten Reihe kostet normalerweise 20 Euro Strafe. Einige Politiker hatten jetzt die Idee, die Strafe für dieses Verkehrsdelikt höher zu machen. Kritik an dieser Idee kommt von der liberalen Partei (FDP). Ein Politiker der Partei kritisierte die Idee, die Strafen zu erhöhen. Höhere Strafen würden das Problem nicht lösen und die Realität in den Städten ignorieren.

Fragen:

1. Was gibt es heute in vielen Städten viel zu viel?

2. Wo gibt es heute viel zu viele Autos?

3. Warum haben viele Autofahrer große Probleme einen Parkplatz zu finden?

4. Was haben viele Autofahrer, weil es so viele Autos gibt?

5. Wohin wollen viele Menschen nur schnell gehen?

6. Was wollen sie nur schnell machen?

7. Was müssen Paketboten und Lieferanten schnell mit einem Paket machen?

8. Wohin müssen die Paketboten und Lieferanten ein Paket bringen?

9. Was haben die Leute oft nicht?

10. Auf was haben die Leute oft keine Lust?

11. Nach was wollen die Leute nicht suchen?

12. Was fragen sie sich?

13. In welcher Situation wollen die Leute nicht 15 Minuten nach einem Parkplatz suchen?

14. Was wollen die Leute nicht machen, wenn sie nur fünf Minuten einen Einkauf machen wollen?

15. Haben Paketboten oder Lieferanten generell 15 Minuten Zeit, um einen Parkplatz zu suchen?

16. Was ist deshalb eine populäre Lösung für viele Autofahrer?

.17. Aber was ist das Problem mit dem Parken in zweiter Reihe?

18. Für wen ist das Parken in zweiter Reihe ein Risiko?

19. Wie hoch ist die Strafe für das Parken in zweiter Reihe?

20. Welche Idee hatten jetzt einige Politiker?

21. Von welcher Partei kommt Kritik an der Idee?

22. Was kritisierte ein Politiker der FDP?

23. Warum kritisierte er die Idee von höheren Strafen?

24. Was sagte der Politiker, was würden höhere Strafen ignorieren?

Lösungen:

1. Was gibt es heute in vielen Städten viel zu viel?

Es gibt viel zu viele Autos.

2. Wo gibt es heute viel zu viele Autos?

Es gibt viel zu viele Autos in vielen Städten in Deutschland.

3. Warum haben viele Autofahrer große Probleme einen Parkplatz zu finden?

Sie haben große Probleme, weil es so viele Autos gibt.

4. Was haben viele Autofahrer, weil es so viele Autos gibt?

Sie haben große Probleme, einen Parkplatz zu finden.

5. Wohin wollen viele Menschen nur schnell gehen?

Sie wollen nur schnell in ein Geschäft gehen.

6. Was wollen sie nur schnell machen?

Sie wollen nur schnell ein Produkt kaufen.

7. Was müssen Paketboten und Lieferanten schnell mit einem Paket machen?

Paketboten und Lieferanten müssen schnell ein Paket in ein Haus oder ein Geschäft bringen.

8. Wohin müssen die Paketboten und Lieferanten ein Paket bringen?

Sie müssen es in ein Haus oder ein Geschäft bringen.

9. Was haben die Leute oft nicht?

Oft haben die Leute keine Lust.

10. Auf was haben die Leute oft keine Lust?

Sie haben keine Lust, lange Zeit nach einem Parkplatz zu suchen.

11. Nach was wollen die Leute nicht suchen?

Sie wollen nicht nach einem Parkplatz suchen.

12. Was fragen sie sich?

Sie fragen sich, warum sie 15 Minuten nach einem Parkplatz suchen sollen, wenn sie nur fünf Minuten einen Einkauf machen wollen.

13. In welcher Situation wollen die Leute nicht 15 Minuten nach einem Parkplatz suchen?

Wenn sie nur fünf Minuten einen Einkauf machen wollen.

14. Was wollen die Leute nicht machen, wenn sie nur fünf Minuten einen Einkauf machen wollen?

Sie wollen nicht 15 Minuten nach einem Parkplatz suchen.

15. Haben Paketboten oder Lieferanten generell 15 Minuten Zeit, um einen Parkplatz zu suchen?

Nein, sie haben generell keine Zeit, um 15 Minuten nach einem Parkplatz zu suchen.

16. Was ist deshalb eine populäre Lösung für viele Autofahrer?

Das Parken in zweiter Reihe ist deshalb eine populäre Lösung für viele Autofahrer

.17. Aber was ist das Problem mit dem Parken in zweiter Reihe?

Es ist gefährlich und ein Risiko.

18. Für wen ist das Parken in zweiter Reihe ein Risiko?

Es ist ein Risiko für andere Autofahrer und Radfahrer.

19. Wie hoch ist die Strafe für das Parken in zweiter Reihe?

Es kostet normalerweise 20 Euro Strafe.

20. Welche Idee hatten jetzt einige Politiker?

Sie hatten jetzt die Idee, die Strafe für dieses Verkehrsdelikt höher zu machen.

21. Von welcher Partei kommt Kritik an der Idee?

Kritik an dieser Idee kommt von der liberalen Partei (FDP).

22. Was kritisierte ein Politiker der FDP?

Er kritisierte die Idee, die Strafen zu erhöhen.

23. Warum kritisierte er die Idee von höheren Strafen?

Er sagte, dass höhere Strafen das Problem nicht lösen würden.

24. Was sagte der Politiker, was würden höhere Strafen ignorieren?

Er sagte, dass höhere Strafen die Realität in den Städten ignorieren würden.

Übung 4: Ticketverkauf für die Weltmeisterschaft

Sotschi (DPA) In ein paar Wochen beginnt für viele Fußballfans endlich die Weltmeisterschaft 2018 in Russland. Wer Lust hat, live im Stadion das Spiel seiner Mannschaft zu sehen, muss jetzt schnell sein, um seine Karten zu kaufen. Es gibt viele Leute, die schon Karten für ein Spiel gekauft haben und die Organisatoren der Weltmeisterschaft sagten in einer offiziellen Mitteilung, dass sie schon 2,3 Millionen Tickets verkauft haben. Das sind 89 Prozent von den Tickets, die für den Verkauf zur Verfügung stehen. Wie die russischen Organisatoren auch mitteilten, haben russische Fans 46 Prozent der verfügbaren Karten gekauft. Wie es scheint, sind das Interesse für und die Freude auf das Turnier in Russland sehr groß. Die Organisatoren teilten außerdem mit, dass es viele Bestellungen aus dem Ausland gibt. Besonders in den USA gibt es ein großes Interesse an Karten für die Spiele der Weltmeisterschaft und es wurden viele Tickets bestellt. Die Fußballweltmeisterschaft beginnt am 14. Juni und dauert bis zum 15. Juli. Es wird Spiele in 11 verschiedenen Städten in ganz Russland geben. An dem Turnier werden 32 Mannschaften aus der ganzen Welt teilnehmen. Titelverteidiger ist Deutschland.

Fragen:

1. Wann beginnt die Weltmeisterschaft 2018?

2. Wo findet die Weltmeisterschaft 2018 statt?

3. Wer muss jetzt schnell sein?

4. Man muss jetzt schnell sein, um was zu machen?

5. Gibt es viele Leute, die schon Karten für ein Spiel gekauft haben?

6. Wie viele Tickets haben die Organisatoren der Weltmeisterschaft schon verkauft?

7. Haben die Organisatoren diese Information in einem Interview erzählt?

8. Wie viel Prozent von den verfügbaren Tickets wurden schon verkauft?

9. Was teilten die russischen Organisatoren auch mit?

10. Scheint es, dass das Interesse für und die Freude auf das Turnier in Russland sehr groß sind?

11. Gibt es nur Bestellungen für Karten, die aus Russland kommen?

12. Wo gibt es ein besonders großes Interesse an Karten im Ausland?

13. Haben die Amerikaner viele Tickets bestellt?

14. Wann beginnt die Fußballweltmeisterschaft?

15. Bis wann dauert die Fußballweltmeisterschaft?

16. In wie viel verschiedenen Städten wird es Spiele geben?

17. Wie viele Mannschaften werden an dem Turnier teilnehmen?

18. Von wo kommen die Mannschaften?

19. Wer ist der Titelverteidiger?

Lösungen:

1. Wann beginnt die Weltmeisterschaft 2018?

Sie beginnt in ein paar Wochen.

2. Wo findet die Weltmeisterschaft 2018 statt?

Sie findet in Russland statt.

3. Wer muss jetzt schnell sein?

Wer Lust hat, live im Stadion ein Spiel zu sehen.

4. Man muss jetzt schnell sein, um was zu machen?

Man muss jetzt schnell sein, um seine Karten zu kaufen.

5. Gibt es viele Leute, die schon Karten für ein Spiel gekauft haben?

Ja, es gibt schon viele Leute, die schon Karten für ein Spiel gekauft haben.

6. Wie viele Tickets haben die Organisatoren der Weltmeisterschaft schon verkauft?

Die Organisatoren sagen, dass sie schon 2,3 Millionen Tickets verkauft haben.

7. Haben die Organisatoren diese Information in einem Interview erzählt?

Nein, sie sagten die Information in einer offiziellen Mitteilung.

8. Wie viel Prozent von den verfügbaren Tickets wurden schon verkauft?

Es wurden 89 Prozent von den Tickets verkauft, die für den Verkauf zur Verfügung stehen.

9. Was teilten die russischen Organisatoren auch mit?

Sie teilten auch mit, dass russische Fans 46 Prozent der verfügbaren Karten gekauft hat.

10. Scheint es, dass das Interesse für und die Freude auf das Turnier in Russland sehr groß sind?

Ja, es scheint, dass das Interesse für und die Freude auf das Turnier in Russland sehr groß sind.

11. Gibt es nur Bestellungen für Karten, die aus Russland kommen?

Nein, die Organisatoren teilten mit, dass es viele Bestellungen aus dem Ausland gibt.

12. Wo gibt es ein besonders großes Interesse an Karten im Ausland?

Besonders in den USA gibt es ein großes Interesse an Karten für die Spiele der Weltmeisterschaft.

13. Haben die Amerikaner viele Tickets bestellt?

Ja, es wurden viele Tickets von Amerikanern bestellt.

14. Wann beginnt die Fußballweltmeisterschaft?

Die Fußballweltmeisterschaft beginnt am 14. Juni.

15. Bis wann dauert die Fußballweltmeisterschaft?

Die Fußballweltmeisterschaft dauert bis 15.Juli.

16. In wie viel verschiedenen Städten wird es Spiele geben?

Es wird Spiele in 11 verschiedenen Städten in ganz Russland geben.

17. Wie viele Mannschaften werden an dem Turnier teilnehmen?

An dem Turnier werden 32 Mannschaften teilnehmen.

18. Von wo kommen die Mannschaften?

Die Mannschaften kommen aus der ganzen Welt.

19. Wer ist der Titelverteidiger?

Titelverteidiger ist Deutschland.

Übung 5: "Avengers"-Schauspieler lassen sich tätowieren

Los Angeles (DPA) Seit ein paar Wochen läuft der neue Film der "Avengers"-Serie in den Kinos. Das Interesse an dem Film ist groß. Viele Leute wollten den Film schon in den ersten Wochen im Kino sehen. Im Moment kann man sprechen, mit wem man will, wenn man fragt, was ein Freund letzte Woche gemacht hat, ist die Antwort ziemlich sicher: „Ich habe im Kino "Avengers: Infinity War" gesehen." Der neue Teil der Serie ist deshalb schon nach ein paar Wochen ein großer Erfolg. Die Kinos sind voll, die Produzenten des Films sehr zufrieden und viele Kinobesucher finden den Film mega cool. Jetzt erzählte Robert Downey Jr., der im Film den Helden "Iron Man" spielt, in einem Interview ein kleines Geheimnis. Fünf der sechs Hauptdarsteller haben sich die gleiche Tätowierung machen lassen. Downey (53) und sein Kollege Renner (47) posteten am Montag Fotos und Videos auf Instagram, um ihren Fans ihre neuen Tätowierungen zu zeigen. Die fünf Schauspieler, die im Film die Hauptrollen spielen, tragen jetzt alle ein "Avengers"-Logo auf dem Körper. Die Idee für diese lustige Idee hatte Scarlett Johanssons gehabt. Nur Mark Ruffalo, der im Film den Helden Hulk spielt, hatte keine Lust auf die Aktion.

Fragen:

1. Seit wie vielen Wochen läuft der neue Film der „Avengers"-Serie in den Kinos?

2. Ist das Interesse an dem Film groß oder klein?

3. Gibt es viele Leute, die den Film schon in den ersten Wochen sehen wollten?

4. Was ist die Standard-Antwort im Moment, wenn man nach Aktivitäten der letzten Woche fragt?

5. Was ist der neue Teil der Serie deshalb schon nach ein paar Wochen?

6. Gibt es viele Leute, die ins Kino gehen? Sind die Kinos voll oder leer?

7. Wie fühlen sich die Produzenten? Sind sie zufrieden oder unzufrieden?

8. Und was sagen die Kinobesucher? Finden sie den Film gut?

9. Wer erzählte jetzt ein kleines Geheimnis? Wie heißt der Schauspieler?

10. Welche Rolle spielt er im Film? Wie heißt der Superheld, der er spielt?

11. Bei welcher Gelegenheit erzählte er das Geheimnis?

12. Was ist das kleine Geheimnis?

13. Was posteten Downey und sein Kollege Renner am Montag auf Instagram?

14. Wie alt sind die beiden Schauspieler?

15. Warum posteten die beiden Schauspieler Fotos und Videos auf Instagram?

16. Welche Rollen spielen die fünf Schauspieler, die jetzt eine Tätowierung haben?

17. Was tragen die Schauspieler jetzt alle auf ihrem Körper?

18. Wer hatte die Idee für diese lustige Idee gehabt?

19. Gab es einen Hauptdarsteller, der sich keine Tätowierung machen wollte?

20. Welche Rolle spielt Mark Ruffalo im Film?

Lösungen:

1. Seit wie vielen Wochen läuft der neue Film der „Avengers"-Serie in den Kinos?

Der Film läuft seit ein paar Wochen in den Kinos.

2. Ist das Interesse an dem Film groß oder klein?

Das Interesse an dem Film ist groß.

3. Gibt es viele Leute, die den Film schon in den ersten Wochen sehen wollten?

Ja, viele Leute wollten den Film schon in den ersten Wochen im Kino sehen.

4. Was ist die Standard-Antwort im Moment, wenn man nach Aktivitäten der letzten Woche fragt?

„Ich habe im Kino "Avengers: Inifinity War" gesehen."

5. Was ist der neue Teil der Serie deshalb schon nach ein paar Wochen?

Der neue Teil der Serie ist schon nach ein paar Wochen ein großer Erfolg.

6. Gibt es viele Leute, die ins Kino gehen? Sind die Kinos voll oder leer?

Die Kinos sind voll.

7. Wie fühlen sich die Produzenten? Sind sie zufrieden oder unzufrieden?

Die Produzenten des Films sind sehr zufrieden.

8. Und was sagen die Kinobesucher? Finden sie den Film gut?

Viele Kinobesucher finden den Film mega cool.

9. Wer erzählte jetzt ein kleines Geheimnis? Wie heißt der Schauspieler?

Robert Downey Jr. Erzählte jetzt ein kleines Geheimnis.

10. Welche Rolle spielt er im Film? Wie heißt der Superheld, der er spielt?

Er spielt den Helden „Iron Man".

11. Bei welcher Gelegenheit erzählte er das Geheimnis?

Er erzählte das Geheimnis bei einem Interview.

12. Was ist das kleine Geheimnis?

Das kleine Geheimnis ist, das fünf der sechs Hauptdarsteller sich die gleiche Tätowierung machen lassen haben.

13. Was posteten Downey und sein Kollege Renner am Montag auf Instagram?

Sie posteten Fotos und Videos auf Instagram.

14. Wie alt sind die beiden Schauspieler?

Downey ist 53 Jahre alt. Renner ist 47 Jahre alt.

15. Warum posteten die beiden Schauspieler Fotos und Videos auf Instagram?

Sie posteten Fotos und Videos auf Instagram, um ihren Fans ihre neuen Tätowierungen zu zeigen.

16. Welche Rollen spielen die fünf Schauspieler, die jetzt eine Tätowierung haben?

Sie spielen Hauptrollen im Film.

17. Was tragen die Schauspieler jetzt alle auf ihrem Körper?

Sie tragen jetzt alle ein „Avengers"-Logo auf dem Körper.

18. Wer hatte die Idee für diese lustige Idee gehabt?

Scarlett Johanssons hatte die Idee gehabt.

19. Gab es einen Hauptdarsteller, der sich keine Tätowierung machen wollte?

Ja, Mark Ruffalo hatte keine Lust auf die Aktion.

20. Welche Rolle spielt Mark Ruffalo im Film?

Er spielt den Helden Hulk.

Übung 6: 104-jähriger Mann will endlich sterben

Basel (DPA) Der australische Professor für Botanik David Goodall ist 104 Jahre alt und hat somit ein sehr langes Leben gelebt. Aber jetzt hat er sich entschieden, dass er nicht mehr länger leben möchte. Er sitzt im Rollstuhl und kann nicht mehr gehen. Außerdem werden seine Augen und seine Ohren immer schlechter. Bald wird er nicht mehr sehen können. Er ist mit der Zeit zufrieden, die er gehabt hat und möchte jetzt sein Leben beenden. Deshalb ist er in die Schweiz gereist. In der Schweiz gibt es ein Gesetz, das es Menschen möglich macht, über ihren Tod selbst zu entscheiden. Wichtig ist, dass die Person in der Lage ist, diese Entscheidung selbst zu treffen. Die Person muss zeigen, dass es ihr eigener Wunsch ist, nicht mehr länger leben zu wollen. Im Fall von Goodall gibt es keine Zweifel daran, dass es sein Wille ist, zu sterben. Die letzten Tage hat der alte Mann im Kreis seiner Familie verbracht. Auch im Moment seines Todes wird er nicht alleine sein und von seiner Familie begleitet werden. Der Professor hatte mit 102 Jahren noch an der Universität gearbeitet. Aber in den letzten Jahren hat sich sein gesundheitlicher Zustand immer weiter verschlechtert. An seinem 104. Geburtstag Anfang April sagte er schließlich: "Ich will sterben."

Fragen:

1. Woher kommt der Professor?

2. Wofür ist David Goodall Professor?

3. Wie alt ist David Goodall?

4. Hat er ein langes oder ein kurzes Leben gelebt?

5. Aber was hat er jetzt entschieden? Was möchte er nicht mehr?

6. Kann der Professor noch gehen?

7. Und was passiert außerdem mit seinen Augen und Ohren?

8. Was wird er bald nicht mehr können?

9. Ist er mit der Zeit zufrieden, die er gehabt hat?

10. Was möchte er deshalb jetzt mit seinem Leben tun?

11. Wohin ist er deshalb jetzt gereist?

12. Warum ist er in die Schweiz gereist?

13. Was ist bei dieser Entscheidung wichtig?

14. Was muss die Person, die sterben will, zeigen?

15. Gibt es Zweifel im Fall Goodall, dass er sterben will?

16. Woran gibt es keine Zweifel?

17. Wo hat der alte Mann die letzten Tage verbracht?

18. Wird er im Moment seines Todes allein sein?

19. Wer wird ihn im Moment seines Todes begleiten?

20. Mit wie viel Jahren hatte der Professor noch an der Universität gearbeitet?

21. Wo hatte der Professor noch mit 102 Jahren gearbeitet?

22. Aber was ist in den letzten Jahren mit seinem Gesundheitszustand passiert?

23. Wann war sein 104. Geburtstag?

24. Was hat er an seinem Geburtstag Anfang April gesagt?

Lösungen:

1. Woher kommt der Professor?

Der Professor kommt aus Australien.

2. Wofür ist David Goodall Professor?

Er ist Professor für Botanik.

3. Wie alt ist David Goodall?

Er ist 104 Jahre alt.

4. Hat er ein langes oder ein kurzes Leben gelebt?

Er hat ein sehr langes Leben gelebt.

5. Aber was hat er jetzt entschieden? Was möchte er nicht mehr?

Er möchte nicht mehr länger leben.

6. Kann der Professor noch gehen?

Nein, er sitzt im Rollstuhl und kann nicht mehr gehen.

7. Und was passiert außerdem mit seinen Augen und Ohren?

Seine Augen und Ohren werden immer schlechter.

8. Was wird er bald nicht mehr können?

Er wird bald nicht mehr sehen können.

9. Ist er mit der Zeit zufrieden, die er gehabt hat?

Ja, er ist mit der Zeit zufrieden, die er gehabt hat.

10. Was möchte er deshalb jetzt mit seinem Leben tun?

Er möchte jetzt sein Leben beenden.

11. Wohin ist er deshalb jetzt gereist?

Er ist deshalb jetzt in die Schweiz gereist.

12. Warum ist er in die Schweiz gereist?

In der Schweiz gibt es ein Gesetz, dass es Menschen möglich macht, über ihren Tod selbst zu entscheiden.

13. Was ist bei dieser Entscheidung wichtig?

Wichtig ist, dass die Person in der Lage ist, diese Entscheidung selbst zu treffen.

14. Was muss die Person, die sterben will, zeigen?

Die Person muss zeigen, dass es ihr eigener Wunsch ist, nicht mehr länger leben zu wollen.

15. Gibt es Zweifel im Fall Goodall, dass er sterben will?

Nein, es gibt keine Zweifel.

16. Woran gibt es keine Zweifel?

Es gibt keine Zweifel daran, dass er sterben will.

17. Wo hat der alte Mann die letzten Tage verbracht?

Der alte Mann hat die letzten Tage im Kreis seiner Familie verbracht.

18. Wird er im Moment seines Todes allein sein?

Nein, er wird nicht alleine sein.

19. Wer wird ihn im Moment seines Todes begleiten?

Seine Familie wird ihn im Moment seines Todes begleiten.

20. Mit wie viel Jahren hatte der Professor noch an der Universität gearbeitet?

Er hatte noch mit 102 Jahren an der Universität gearbeitet.

21. Wo hatte der Professor noch mit 102 Jahren gearbeitet?

Er hatte noch an der Universität gearbeitet.

22. Aber was ist in den letzten Jahren mit seinem Gesundheitszustand passiert?

In den letzten Jahren hat sich sein gesundheitlicher Zustand immer weiter verschlechtert.

23. Wann war sein 104. Geburtstag?

Sein 104. Geburtstag war Anfang April.

24. Was hat er an seinem Geburtstag Anfang April gesagt?

„Ich will sterben."

Übung 7: UNICEF-Bericht: Fast 20% der Babys werden nicht gestillt

New York (DPA) UNICEF hat eine Untersuchung gemacht, um heraus zu finden, wie viele Mütter ihren Babys die Brust geben. Für die kleinen Babys ist es sehr wichtig, dass sie Muttermilch trinken. Die Muttermilch ist gut für das Wachstum und die Entwicklung der Babys. Außerdem zeigen Studien, dass das Stillen nicht nur für die Babys, sondern auch für die Mutter Vorteile für die Gesundheit hat. In dem Bericht schreibt UNICEF, dass in Deutschland fast jedes fünfte Kind nicht gestillt wird. Der Bericht zeigt auch, dass im Vergleich in einigen Industrieländern, zum Beispiel in Irland (55 Prozent), in den USA (74%) und in Großbritannien (81%), Mütter nicht so häufig die Brust geben. Die besten Resultate unter den Industrieländern fand die Untersuchung in Schweden (98%) und in Norwegen (95%). In den armen und ärmsten Ländern der Welt geben Mütter oft noch im zweiten Lebensjahr die Brust. Das hat sicher auch pragmatische Gründe, weil die Menschen in diesen Ländern oft nicht genug Nahrung haben. Aber Ärzte und Gesundheitsorganisationen empfehlen auch, die Kinder noch im zweiten Lebensjahr zu stillen. Die menschliche Muttermilch ist sehr komplex und hat mehr als 200 Zucker-Moleküle. Sie ist die komplexeste Milch aller Säugetiere und wichtig für eine gesunde Entwicklung.

Fragen:

1. Was hat UNICEF gemacht?

2. Was wollte UNICEF heraus finden?

3. Ist es für die kleinen Babys wichtig, dass sie Muttermilch trinken?

4. Was ist wichtig für die kleinen Babys?

5. Wofür ist die Muttermilch gut?

6. Hat die Muttermilch nur Vorteile für die Gesundheit der Babys?

7. Wer oder was zeigt das?

8. Was schreibt UNICEF in dem Bericht?

9. Was zeigt der Bericht auch im Vergleich?

10. In welchen Ländern zum Beispiel?

11. Wo fand die Untersuchung die besten Resultate unter den Industrieländern?

12. Wo geben Mütter oft noch im zweiten Lebensjahr die Brust?

13. Welche Gründe hat das sicher auch?

14. Warum hat das sicher auch pragmatische Gründe?

15. Was empfehlen Ärzte und Gesundheitsorganisationen?

16. Wer empfiehlt, die Kinder noch im zweiten Lebensjahr zu stillen?

17. Wie ist die menschliche Muttermilch?

18. Wie viele Zucker-Moleküle hat die menschliche Muttermilch?

19. Ist die Muttermilch Im Vergleich mit anderen Säugetieren sehr komplex?

20. Für was ist die Muttermilch wichtig?

Lösungen:

1. Was hat UNICEF gemacht?

UNICEF hat eine Untersuchung gemacht.

2. Was wollte UNICEF heraus finden?

UNICEF wollte heraus finden, wie viele Mütter ihren Babys die Brust geben.

3. Ist es für die kleinen Babys wichtig, dass sie Muttermilch trinken?

Ja, es ist wichtig für die kleinen Babys.

4. Was ist wichtig für die kleinen Babys?

Es ist wichtig, dass sie Muttermilch trinken.

5. Wofür ist die Muttermilch gut?

Die Muttermilch ist gut für das Wachstum und die Entwicklung der Babys.

6. Hat die Muttermilch nur Vorteile für die Gesundheit der Babys?

Nein, die Muttermilch hat auch Vorteile für die Gesundheit der Mütter.

7. Wer oder was zeigt das?

Das zeigen Studien.

8. Was schreibt UNICEF in dem Bericht?

In dem Bericht schreibt UNICEF, dass in Deutschland jedes fünfte Kind nicht gestillt wird.

9. Was zeigt der Bericht auch im Vergleich?

Der Bericht zeigt auch, dass im Vergleich in einigen Industrieländern Mütter nicht so häufig die Brust geben.

10. In welchen Ländern zum Beispiel?

In Irland, in den USA und in Großbritannien geben Mütter nicht so häufig die Brust.

11. Wo fand die Untersuchung die besten Resultate unter den Industrieländern?

Die Untersuchung fand die besten Resultate unter den Industrieländern in Schweden und in Norwegen.

12. Wo geben Mütter oft noch im zweiten Lebensjahr die Brust?

In den armen und ärmsten Ländern der Welt geben Mütter oft noch im zweiten Lebensjahr die Brust.

13. Welche Gründe hat das sicher auch?

Das hat sicher auch pragmatische Gründe.

14. Warum hat das sicher auch pragmatische Gründe?

Das hat sicher auch pragmatische Gründe, weil die Menschen in diesen Ländern oft nicht genug Nahrung haben.

15. Was empfehlen Ärzte und Gesundheitsorganisationen?

Ärzte und Gesundheitsorganisationen empfehlen auch, die Kinder noch im zweiten Lebensjahr zu stillen.

16. Wer empfiehlt, die Kinder noch im zweiten Lebensjahr zu stillen?

Ärzte und Gesundheitsorganisationen empfehlen das.

17. Wie ist die menschliche Muttermilch?

Die menschliche Muttermilch ist sehr komplex.

18. Wie viele Zucker-Moleküle hat die menschliche Muttermilch?

Sie hat mehr als 200 Zucker-Moleküle.

19. Ist die Muttermilch Im Vergleich mit anderen Säugetieren sehr komplex?

Ja, sie ist die komplexeste Milch aller Säugetiere.

20. Für was ist die Muttermilch wichtig?

Sie ist wichtig für eine gesunde Entwicklung.

Übung 8: Trinkwasserpreise haben sich in 10 Jahren stark erhöht

Frankfurt/Berlin (DPA) Zwischen 2005 und 2016 sind die Preise für Konsumenten um 25 Prozent gestiegen. Das ist das Resultat einer Analyse, die die grüne Partei in Deutschland in dieser Woche veröffentlicht hat. Für die Analyse hatte die Partei Daten des Statistischen Bundesamts benutzt. Das bedeutet, dass in einem Haus mit zwei Personen 50 Euro mehr für Trinkwasser bezahlt werden müssen. Ein Artikel der "Saarbrücker Zeitung" berichtete vor einiger Zeit, dass die Preise für Wasser für die Verbraucher vor allem seit 2014 teurer geworden sind. Das bedeutet aber nicht, dass die Preise in ganz Deutschland gestiegen sind. Es gibt große regionale Unterschiede. Zum Beispiel ist das Wasser in Berlin seit 2005 sogar billiger geworden. In Bayern aber ist das Wasser in der gleichen Zeit fast 60% teurer geworden. Die Grünen wollen strengere Gesetze, weil das Wasser im Boden durch Pestizide, Dünger und Medikamente immer stärker verschmutzt wird. Ein anderes Problem ist der Wasserverbrauch der Menschen. Sie verbrauchen immer weniger Wasser. Das ist auf der einen Seite positiv, aber auf der anderen Seite müssen die Wassernetze mit mehr Wasser als früher sauber gemacht werden. Und das ist ein Grund, warum der Preis für das Wasser teurer wird.

Fragen:

1. Was ist zwischen 2005 und 2016 mit den Preisen für Konsumenten passiert?

2. In welchem Zeitraum sind die Preise für Konsumenten um 25 Prozent gestiegen?

3. Wovon ist diese Information das das Resultat?

4. Wer hat die Analyse veröffentlicht?

5. Wann hat die grüne Partei die Analyse veröffentlicht?

6. Von wem hatte die Partei Daten für die Analyse benutzt?

7. Was bedeutet das Resultat der Analyse? Wie viel muss in einem Haus mit zwei Personen mehr bezahlt werden?

8. Was berichtete ein Artikel der „Saarbrücker Zeitung" vor einiger Zeit?

9. Wer oder was berichtete, dass die Preise für Wasser für die Verbraucher vor allem seit 2014 teurer geworden sind?

10. Seit welchem Jahr sind die Preise für Wasser vor allem teurer geworden?

11. Bedeutet das, dass die Preise in ganz Deutschland gestiegen sind?

12. Gibt es Unterschiede?

13. Wie hat sich der Preis von Wasser zum Beispiel in Berlin seit 2005 entwickelt?

14. Aber was ist mit dem Preis für Wasser in der gleichen Zeit in Bayern passiert?

15. Um wie viel Prozent ist der Preis für Wasser in der gleichen Zeit in Bayern teurer geworden?

16. Was wollen die Grünen?

17. Warum wollen die Grünen strengere Gesetze?

18. Durch was wird das Wasser im Boden immer stärker verschmutzt?

19. Was ist ein anderes Problem?

20. Warum ist der Wasserverbrauch ein Problem?

21. Ist das nicht positiv?

22. Warum ist es dann ein Problem, wenn es auf der einen Seite positiv ist?

23. Für was ist die Reinigung der Wassernetze ein Grund?

Lösungen:

1. Was ist zwischen 2005 und 2016 mit den Preisen für Konsumenten passiert?

Die Preise sind um 25 Prozent gestiegen.

2. In welchem Zeitraum sind die Preise für Konsumenten um 25 Prozent gestiegen?

Zwischen 2005 und 2016 sind die Preise für Konsumenten gestiegen.

3. Wovon ist diese Information das das Resultat?

Das ist das Resultat von einer Analyse.

4. Wer hat die Analyse veröffentlicht?

Die grüne Partei in Deutschland hat die Analyse veröffentlicht.

5. Wann hat die grüne Partei die Analyse veröffentlicht?

Sie hat das Resultat in dieser Woche veröffentlicht.

6. Von wem hatte die Partei Daten für die Analyse benutzt?

Die Partei hatte Daten des Statistischen Bundesamts für die Analyse benutzt.

7. Was bedeutet das Resultat der Analyse? Wie viel muss in einem Haus mit zwei Personen mehr bezahlt werden?

Das bedeutet, dass in einem Haus mit zwei Personen 50 Euro mehr für Trinkwasser bezahlt werden müssen.

8. Was berichtete ein Artikel der „Saarbrücker Zeitung" vor einiger Zeit?

Der Artikel berichtete, dass die Preise für Wasser für die Verbraucher vor allem seit 2014 teurer geworden sind.

9. Wer oder was berichtete, dass die Preise für Wasser für die Verbraucher vor allem seit 2014 teurer geworden sind?

Ein Artikel in der „Saarbrücker Zeitung" berichtete das.

10. Seit welchem Jahr sind die Preise für Wasser vor allem teurer geworden?

Die Preise für Verbraucher sind seit 2014 teurer geworden.

11. Bedeutet das, dass die Preise in ganz Deutschland gestiegen sind?

Nein, das bedeutet aber nicht, dass die Preise in ganz Deutschland gestiegen sind.

12. Gibt es Unterschiede?

Ja, es gibt große regionale Unterschiede.

13. Wie hat sich der Preis von Wasser zum Beispiel in Berlin seit 2005 entwickelt?

Zum Beispiel ist das Wasser in Berlin seit 2005 sogar billiger geworden.

14. Aber was ist mit dem Preis für Wasser in der gleichen Zeit in Bayern passiert?

In Bayern aber ist das Wasser in der gleichen Zeit fast 60% teurer geworden.

15. Um wie viel Prozent ist der Preis für Wasser in der gleichen Zeit in Bayern teurer geworden?

Das Wasser ist in Bayern in der gleichen Zeit fast 60% teurer geworden.

16. Was wollen die Grünen?

Die Grünen wollen strengere Gesetze.

17. Warum wollen die Grünen strengere Gesetze?

Sie wollen strengere Gesetze, weil das Wasser im Boden durch Pestizide, Dünger und Medikamente immer stärker verschmutzt wird.

18. Durch was wird das Wasser im Boden immer stärker verschmutzt?

Das Wasser wird durch Pestizide, Dünger und Medikamente immer stärker verschmutzt.

19. Was ist ein anderes Problem?

Ein anderes Problem ist der Wasserverbrauch der Menschen.

20. Warum ist der Wasserverbrauch ein Problem?

Die Menschen verbrauchen immer weniger Wasser.

21. Ist das nicht positiv?

Ja, es ist auf der einen Seite positiv.

22. Warum ist es dann ein Problem, wenn es auf der einen Seite positiv ist?

Auf der anderen Seite müssen die Wassernetze mit mehr Wasser als früher sauber gemacht werden.

23. Für was ist die Reinigung der Wassernetze ein Grund?

Es ist ein Grund, warum der Preis für das Wasser teurer wird.

Übung 9: Deutscher Astronaut ist bald Kommandant der ISS

Moskau (DPA) Der deutsche Astronaut Alexander Gerst wird bald zum zweiten Mal die internationale Raumstation (ISS) besuchen. Dieses Mal wird er auch eine neue Arbeit haben: Er wird der Kommandant auf der Raumstation sein. Er freut sich auf seine neue Arbeit, hat aber auch großen Respekt vor der neuen Aufgabe. Im Zentrum für Astronauten in Moskau, wo er sein Training vor der Reise macht, gab Alexander Gerst ein kleines Interview. Die Astronauten haben ein komplexes Programm vor sich. Es wird nicht einfach werden, aber der deutsche Astronaut ist sich sicher, dass es eine großartige Mission werden wird. Der Russe Sergej Prokopjew und die Amerikanerin Serena Auñón-Chancellor werden den Deutschen bei der Mission begleiten. Das Team wird seine Reise am 6. Juni beginnen. Die drei Astronauten werden vom internationalen Weltraumbahnhof in Russland zur Raumstation fliegen. Die ISS kreist in 400 Kilometern Höhe über der Erde um den Planeten. Der deutsche Astronaut wird für 6 Monate im Weltraum bleiben. Für einen Teil dieser Zeit wird er das Kommando auf der Raumstation haben. Das meiste Geld für das fliegende Labor kommt aus Russland und den USA.

Fragen:

1. Welchen Beruf hat Alexander Gerst?

2. Welchen Ort wird der deutsche Astronaut besuchen?

3. Zum wievielten Mal wird Alexander Gerst die internationale Raumstation besuchen?

4. Was wird er dieses Mal auch haben?

5. Welche ist seine neue Arbeit?

6. Freut er sich auf seine neue Arbeit?

7. Aber was hat er auch vor der neuen Aufgabe?

8. Wo gab der Astronaut ein kleines Interview?

9. Warum ist der Astronaut im Zentrum für Astronauten?

10. Was haben die Astronauten vor sich?

11. Wird die Mission einfach werden?

12. Aber was denkt der Astronaut auch über die Mission?

13. Wer wird den deutschen Astronauten bei seiner Mission begleiten?

14. Wann wird das Team seine Reise beginnen?

15. Von wo aus werden die drei Astronauten zur Raumstation fliegen?

16. Wohin werden die drei Astronauten vom internationalen Weltraumbahnhof aus fliegen?

17. In wie viel Metern Höhe kreist die ISS über der Erde?

18. Um was kreist die ISS?

19. Für wie wie viele Monate wird der deutsche Astronaut im Weltraum bleiben?

20. Was wird er für einen Teil dieser Zeit haben?

21. Aus welchen Ländern kommt das meiste Gelder für das fliegende Labor?

Lösungen:

1. Welchen Beruf hat Alexander Gerst?

Er ist Astronaut.

2. Welchen Ort wird der deutsche Astronaut besuchen?

Er wird die internationale Raumstation besuchen.

3. Zum wievielten Mal wird Alexander Gerst die internationale Raumstation besuchen?

Er wird die internationale Raumstation zum zweiten Mal besuchen.

4. Was wird er dieses Mal auch haben?

Er wird eine neue Arbeit haben.

5. Welche ist seine neue Arbeit?

Er wird der Kommandant der Raumstation sein.

6. Freut er sich auf seine neue Arbeit?

Ja, er freut sich auf seine neue Arbeit.

7. Aber was hat er auch vor der neuen Aufgabe?

Er hat auch großen Respekt vor der neuen Aufgabe.

8. Wo gab der Astronaut ein kleines Interview?

Im Zentrum für Astronauten in Moskau gab Alexander Gerst ein kleines Interview.

9. Warum ist der Astronaut im Zentrum für Astronauten?

Er macht dort ein Training vor der Reise.

10. Was haben die Astronauten vor sich?

Die Astronauten haben ein komplexes Programm vor sich..

11. Wird die Mission einfach werden?

Nein, die Mission wird nicht einfach werden.

12. Aber was denkt der Astronaut auch über die Mission?

Er ist sicher sicher, dass es eine großartige Mission werden wird.

13. Wer wird den deutschen Astronauten bei seiner Mission begleiten?

Der Russe Sergej Prokopjew und die Amerikanerin Serena Auñón-Chancellor werden den Deutschen bei der Mission begleiten.

14. Wann wird das Team seine Reise beginnen?

Das Team wird seine Reise am 6.Juni beginnen.

15. Von wo aus werden die drei Astronauten zur Raumstation fliegen?

Sie werden vom internationalen Weltraumbahnhof in Russland zur Raumstation fliegen.

16. Wohin werden die drei Astronauten vom internationalen Weltraumbahnhof aus fliegen?

Sie werden zur Raumstation fliegen.

17. In wie viel Metern Höhe kreist die ISS über der Erde?

Die ISS kreist in 400 Kilometern Höhe über der Erde.

18. Um was kreist die ISS?

Sie kreist um den Planeten.

19. Für wie wie viele Monate wird der deutsche Astronaut im Weltraum bleiben?

Der deutsche Astronaut wird für 6 Monate im Weltraum bleiben.

20. Was wird er für einen Teil dieser Zeit haben?

Für einen Teil dieser Zeit wird er das Kommando auf der Raumstation haben.

21. Aus welchen Ländern kommt das meiste Gelder für das fliegende Labor?

Das meiste Geld kommt aus Russland und den USA.

Übung 10: Vulkanausbruch in Guatemala

Guatemala-Stadt (DPA) In Guatemala ist letzten Sonntag der Vulkan „Volcán de Fuego" ausgebrochen. Der Ausbruch war sehr stark und es gibt viel Zerstörung und viele tote Menschen. Am Fuß des Vulkans fanden Feuerwehrleute ganze Familien, die von dem Ausbruch des Vulkans überrascht worden waren und während der Katastrophe gestorben waren. Die Krankenhäuser sind voll mit Verletzten und die Ärzte machen, was sie können, um den Menschen zu helfen und ihre Leben zu retten. Viele Menschen haben sehr starke Verbrennungen durch den Ausbruch des Vulkans. Im Moment schätzt der Katastrophenschutz die Zahl der Toten auf 65. Ungefähr 3200 Menschen mussten ihre Häuser verlassen und aus dem Bereich evakuiert werden. Zwei Orte in der Nähe des Vulkans wurden komplett zerstört. Viele Länder haben ihre Hilfe angeboten, um das lateinamerikanische Land in diesen schweren Stunden zu unterstützen. Der Vulkan war am Montag immer noch aktiv, aber seine Aktivität war zum Glück viel schwächer als am Sonntag. Guatemala hat drei aktive Vulkane. Der „Volcán de Fuego", ein ungefähr 3700 Meter hoher Berg, hatte seit 2002 immer stärkere Aktivität gezeigt. Der Vulkan war schon im Mai ausgebrochen und hatte ein Lawine aus Schlamm erzeugt.

Fragen:

1. Was ist letzten Sonntag in Guatemala passiert?

2. War der Ausbruch stark oder schwach?

3. Gibt es viel Zerstörung?

4. Gibt es viele tote Menschen?

5. Was fanden Feuerwehrleute am Fuß des Vulkans?

6. Wo fanden die Feuerwehrleute ganze Familien, die von dem Ausbruch des Vulkans überrascht worden waren?

7. Was war mit den Familien passiert, die die Feuerwehrleute am Fuß des Vulkans gefunden haben?

8. Von was waren die Familien überrascht worden?

9. Was war mit den Familien passiert, weil sie vom Ausbruch des Vulkans überrascht worden waren?

10. Wie ist die Situation in den Krankenhäusern?

11. Was machen die Ärzte in den Krankenhäusern?

12. Was haben viele Menschen durch den Ausbruch des Vulkans?

13. Durch was haben viele Menschen starke Verbrennungen?

14. Wie hoch schätzt der Katastrophenschutz im Moment die Zahl der Toten?

15. Wie viele Menschen mussten ihre Häuser verlassen?

16. Was musste mit dem Bereich gemacht werden?

17. Was ist mit zwei Orten in der Nähe des Vulkans passiert?

18. Was haben viele Länder angeboten?

19. Warum haben viele Länder ihre Hilfe angeboten?

20. War der Vulkan am Montag noch aktiv?

21. Wie hatte sich seine Aktivität zum Glück entwickelt?

22. Wie viele aktive Vulkane hat Guatemala?

23. Wie hoch ist der „Volcán de Fuego"?

24. Was hatte der Vulkan seit 2002 immer mehr gezeigt?

25. Gab es dieses Jahr schon einmal einen Ausbruch?

26. Was hatte der Vulkan bei diesem Ausbruch erzeugt?

Lösungen:

1. Was ist letzten Sonntag in Guatemala passiert?

In Guatemala ist letzten Sonntag der Vulkan „Volcán de Fuego" ausgebrochen.

2. War der Ausbruch stark oder schwach?

Der Ausbruch war sehr stark.

3. Gibt es viel Zerstörung?

Ja, es gibt viel Zerstörung.

4. Gibt es viele tote Menschen?

Ja, es gibt viele tote Menschen.

5. Was fanden Feuerwehrleute am Fuß des Vulkans?

Am Fuß des Vulkans fanden Feuerwehrleute ganze Familien, die von dem Ausbruch des Vulkans überrascht worden waren.

6. Wo fanden die Feuerwehrleute ganze Familien, die von dem Ausbruch des Vulkans überrascht worden waren?

Die Feuerwehrleute fanden ganze Familien, die von dem Ausbruch des Vulkans überrascht worden waren, am Fuß des Vulkans.

7. Was war mit den Familien passiert, die die Feuerwehrleute am Fuß des Vulkans gefunden haben?

Die Familien waren von dem Ausbruch des Vulkans überrascht worden und waren während der Katastrophe gestorben.

8. Von was waren die Familien überrascht worden?

Die Familien waren von dem Ausbruch des Vulkans überrascht worden.

9. Was war mit den Familien passiert, weil sie vom Ausbruch des Vulkans überrascht worden waren?

Die Familien waren während der Katastrophe gestorben.

10. Wie ist die Situation in den Krankenhäusern?

Die Krankenhäuser sind voll mit Verletzten.

11. Was machen die Ärzte in den Krankenhäusern?

Die Ärzte machen, was sie können, um den Menschen zu helfen und ihre Leben zu retten.

12. Was haben viele Menschen durch den Ausbruch des Vulkans?

Viele Menschen haben sehr starke Verbrennungen durch den Ausbruch des Vulkans.

13. Durch was haben viele Menschen starke Verbrennungen?

Durch den Ausbruch des Vulkans haben viele Menschen starke Verbrennungen.

14. Wie hoch schätzt der Katastrophenschutz im Moment die Zahl der Toten?

Im Moment schätzt der Katastrophenschutz die Zahl der Toten auf 65.

15. Wie viele Menschen mussten ihre Häuser verlassen?

Ungefähr 3200 Menschen mussten ihre Häuser verlassen.

16. Was musste mit dem Bereich gemacht werden?

Der Bereich musste evakuiert werden.

17. Was ist mit zwei Orten in der Nähe des Vulkans passiert?

Zwei Orte in der Nähe des Vulkans wurden komplett zerstört.

18. Was haben viele Länder angeboten?

Viele Länder haben ihre Hilfe angeboten.

19. Warum haben viele Länder ihre Hilfe angeboten?

Um das lateinamerikanische Land in diesen schweren Stunden zu unterstützen.

20. War der Vulkan am Montag noch aktiv?

Ja, der Vulkan war am Montag immer noch aktiv.

21. Wie hatte sich seine Aktivität zum Glück entwickelt?

Seine Aktivität war zum Glück viel schwächer als am Sonntag.

22. Wie viele aktive Vulkane hat Guatemala?

Guatemala hat drei aktive Vulkane.

23. Wie hoch ist der „Volcán de Fuego"?

Der „Volcán de Fuego ist ein ungefähr 3700 Meter hoher Berg.

24. Was hatte der Vulkan seit 2002 immer mehr gezeigt?

Der Vulkan hatte seit 2002 immer stärkere Aktivität gezeigt.

25. Gab es dieses Jahr schon einmal einen Ausbruch?

Ja, der Vulkan war schon im Mai ausgebrochen.

26. Was hatte der Vulkan bei diesem Ausbruch erzeugt?

Der Vulkan hatte ein Lawine aus Schlamm erzeugt.

Übung 11: Deutsche Bahn kommt auch im April nicht immer pünktlich

Berlin (DPA) Wenn man in Deutschland eine Person fragt, was ihr erster Gedanke beim Thema Deutsche Bahn ist, gibt sie ziemlich sicher die Antwort: „Die Deutsche Bahn kommt immer zu spät." Das ist auf der einen Seite sicher nicht 100% korrekt und auch nicht wirklich fair. Aber auf der anderen Seite hat die Deutsche Bahn wirklich ein bisschen Probleme mit der Pünktlichkeit. Im April zum Beispiel kamen nur 76,5% aller Fernzüge (ICE, IC) pünktlich an den Bahnhöfen an. Fernzüge sind Züge, mit denen man größere Distanzen fahren kann. Im Monat April kamen also 23,5 Prozent der Fernzüge mindestens sechs Minuten zu spät am Ziel an. Das Unternehmen kommentierte die Zahlen mit den Worten „wir sind nicht zufrieden und werden die Pünktlichkeit verbessern". Das Ziel für dieses Jahr ist 82 % Pünktlichkeit im Monat. Das hat dieses Jahr im Moment nur im Januar funktioniert. Als Gründe für die Unpünktlichkeit im Februar und im März nannte das Unternehmen Schnee und Eis. Für den Monat April gab das Unternehmen keine spezielle Erklärung. Auf kurzen Distanzen ist die Deutsche Bahn pünktlicher. Die Pünktlichkeit für kurze Distanzen lag im April bei 94,3 %.

Fragen:

1. Wenn man in Deutschland eine Person über das Thema Deutsche Bahn fragt, was ist ziemlich sicher die Antwort?

2. Ist diese Antwort 100% korrekt?

3. Ist die Antwort fair?

4. Aber hat die Deutsche Bahn jetzt ein Problem mit der Pünktlichkeit oder nicht?

5. Wie viel Prozent aller Fernzüge kamen zum Beispiel im April pünktlich an?

6. Was sind Fernzüge?

7. Wie viel Prozent kamen also im April mindestens sechs Minuten zu spät am Ziel an?

8. Mit welchen Worten kommentierte das Unternehmen die Zahlen?

9. Was versprach das Unternehmen, was sie verbessern werden?

10. Was ist das Ziel für dieses Jahr?

11. Hat das bis jetzt in diesem Jahr funktioniert?

12. Welche Gründe nannte das Unternehmen für die Unpünktlichkeit im Februar und im März?

13. Gab das Unternehmen auch eine Erklärung für den Monat April?

14. Ist die Deutsche Bahn auf kurzen Distanzen pünktlicher?

15. Wo lag die Pünktlichkeit für kurze Distanzen im April?

Lösungen:

1. Wenn man in Deutschland eine Person über das Thema Deutsche Bahn fragt, was ist ziemlich sicher die Antwort?

Die Antwort ist ziemlich sicher: „Die Deutsche Bahn kommt immer zu spät."

2. Ist diese Antwort 100% korrekt?

Nein, das ist sicher nicht 100% korrekt.

3. Ist die Antwort fair?

Nein, die Antwort ist auch nicht wirklich fair.

4. Aber hat die Deutsche Bahn jetzt ein Problem mit der Pünktlichkeit oder nicht?

Ja, die Deutsche Bahn hat wirklich ein bisschen Probleme mit der Pünktlichkeit.

5. Wie viel Prozent aller Fernzüge kamen zum Beispiel im April pünktlich an?

Nur 76,5% aller Fernzüge kamen im April pünktlich an den Bahnhöfen an.

6. Was sind Fernzüge?

Fernzüge sind Züge, mit denen man größere Distanzen fahren kann.

7. Wie viel Prozent kamen also im April mindestens sechs Minuten zu spät am Ziel an?

23,5 Prozent der Fernzüge kamen mindestens sechs Minuten zu spät am Ziel an.

8. Mit welchen Worten kommentierte das Unternehmen die Zahlen?

Das Unternehmen kommentierte die Zahlen mit den Worten „wir sind nicht zufrieden und werden die Pünktlichkeit verbessern".

9. Was versprach das Unternehmen, was sie verbessern werden?

Sie werden die Pünktlichkeit verbessern.

10. Was ist das Ziel für dieses Jahr?

Das Ziel für dieses Jahr ist 82 % Pünktlichkeit im Monat.

11. Hat das bis jetzt in diesem Jahr funktioniert?

Ja, aber das hat dieses Jahr im Moment nur im Januar funktioniert.

12. Welche Gründe nannte das Unternehmen für die Unpünktlichkeit im Februar und im März?

Als Gründe für die Unpünktlichkeit im Februar und im März nannte das Unternehmen Schnee und Eis.

13. Gab das Unternehmen auch eine Erklärung für den Monat April?

Nein, für den Monat April gab das Unternehmen keine spezielle Erklärung.

14. Ist die Deutsche Bahn auf kurzen Distanzen pünktlicher?

Ja, auf kurzen Distanzen ist die Deutsche Bahn pünktlicher.

15. Wo lag die Pünktlichkeit für kurze Distanzen im April?

Die Pünktlichkeit für kurze Distanzen lag im April bei 94,3 %.

Übung 12: Mehr als 66% der Menschen wohnen bis 2050 in Städten

New York (DPA) Nach Schätzungen der UN werden bis 2050 mehr als 66% aller Menschen in Städten und in Zonen um die Städte herum leben. Im Moment sind es ungefähr 55%. Glaubt man den Schätzungen der UN, wird die Zahl der Bevölkerung in Städten und städtischen Zonen bis zum Jahr 2050 auf 2,5 Milliarden Menschen steigen. Gründe für diese Entwicklung sind besonders die Entscheidung vieler Menschen, vom Land in die Stadt zu ziehen und der Bevölkerungswachstum generell auf der ganzen Welt. In den Städten gibt es Wohnungen, Arbeit, medizinische Versorgung und Essen, was für viele Menschen wichtige Argumente sind, um sich auf den Weg in die Stadt zu machen. Den größten Wachstum der städtischen Bevölkerung wird es in Asien und in Afrika geben. In den Ländern dieser zwei Kontinente lebt der größte Teil der Weltbevölkerung, der noch auf dem Land lebt (90%). In Europa und den USA lebt schon ein großer Teil der Bevölkerungen in Städten oder städtischen Zonen. In den industrialisierten Länder kann man den Trend, vom Land in die Stadt zu ziehen, schon seit vielen Jahrzehnten beobachten. Nach Schätzungen werden allein aus den Ländern Indien, China und Nigeria ungefähr 35% der neuen Stadtbewohner kommen.

Fragen:

1. Wo werden nach Schätzungen der UN bis 2050 mehr als 66% aller Menschen leben?

2. Wie viele Menschen werden bis 2050 in Städten leben?

3. Wie viele Menschen sind es im Moment?

4. Wenn man den Schätzungen der UN glaubt, auf wie viele Menschen wird die Zahl der Bevölkerung in Städten und städtischen Zonen steigen?

5. Was ist ein individueller Grund für diese Entwicklung?

6. Was ist ein genereller Grund für diese Entwicklung?

7. Was gibt es in den Städten, was interessant für die Menschen ist?

8. Was sind Wohnungen, Arbeit, medizinische Versorgung und Essen für viele Menschen?

9. Für was sind diese Dinge wichtige Argumente?

10. Wo wird es den größten Wachstum der städtischen Bevölkerung geben?

11. Welcher Teil der Weltbevölkerung lebt in diesen zwei Kontinenten?

12. Wo lebt der größte Teil der Weltbevölkerung, der noch auf dem Land lebt?

13. Wie sieht es in Europa und in den USA aus? Wo lebt dort ein großer Teil der Bevölkerungen?

14. Welchen Trend kann man in den industrialisierten Ländern schon seit vielen Jahrzehnten beobachten?

15. Aus welchen Ländern werden nach Schätzungen ungefähr 35% der neuen Stadtbewohner kommen?

Lösungen:

1. Wo werden nach Schätzungen der UN bis 2050 mehr als 66% aller Menschen leben?

Bis 2050 werden mehr als 66% aller Menschen in Städten und in Zonen um die Städte herum leben.

2. Wie viele Menschen werden bis 2050 in Städten leben?

Mehr als 66% aller Menschen werden in Städten und in Zonen um die Städte herum leben.

3. Wie viele Menschen sind es im Moment?

Im Moment sind es ungefähr 55%.

4. Wenn man den Schätzungen der UN glaubt, auf wie viele Menschen wird die Zahl der Bevölkerung in Städten und städtischen Zonen steigen?

Die Zahl der Bevölkerung in Städten und städtischen Zonen wird auf 2,5 Milliarden Menschen steigen.

5. Was ist ein individueller Grund für diese Entwicklung?

Ein individueller Grund ist die Entscheidung vieler Menschen, vom Land in die Stadt zu ziehen.

6. Was ist ein genereller Grund für diese Entwicklung?

Ein genereller Grund für diese Entwicklung ist der Bevölkerungswachstum auf der ganzen Welt.

7. Was gibt es in den Städten, was interessant für die Menschen ist?

In den Städten gibt es Wohnungen, Arbeit, medizinische Versorgung und Essen.

8. Was sind Wohnungen, Arbeit, medizinische Versorgung und Essen für viele Menschen?

Diese Dinge sind für viele Menschen wichtige Argumente.

9. Für was sind diese Dinge wichtige Argumente?

Sie sind wichtige Argumente, um sich auf den Weg in die Stadt zu machen.

10. Wo wird es den größten Wachstum der städtischen Bevölkerung geben?

Den größten Wachstum der städtischen Bevölkerung wird es in Asien und in Afrika geben.

11. Welcher Teil der Weltbevölkerung lebt in diesen zwei Kontinenten?

In den Ländern dieser zwei Kontinente lebt der größte Teil der Weltbevölkerung, der noch auf dem Land lebt (90%).

12. Wo lebt der größte Teil der Weltbevölkerung, der noch auf dem Land lebt?

Der größte Teil der Weltbevölkerung, der noch auf dem Land lebt, lebt in Asien und in Afrika.

13. Wie sieht es in Europa und in den USA aus? Wo lebt dort ein großer Teil der Bevölkerungen?

In Europa und den USA lebt schon ein großer Teil der Bevölkerungen in Städten oder städtischen Zonen.

14. Welchen Trend kann man in den industrialisierten Ländern schon seit vielen Jahrzehnten beobachten?

In den industrialisierten Länder kann man den Trend, vom Land in die Stadt zu ziehen, schon seit vielen Jahrzehnten beobachten.

15. Aus welchen Ländern werden nach Schätzungen ungefähr 35% der neuen Stadtbewohner kommen?

Nach Schätzungen werden allein aus den Ländern Indien, China und Nigeria ungefähr 35% der neuen Stadtbewohner kommen.

Übung 13: Schweden: Kampf gegen Antisemitismus

Stockholm (AFP) Nicht nur Deutschland hat ein Problem mit Neonazis und Antisemitismus. Auch in Schweden gibt es in der Bevölkerung Teile, die scheinbar entweder im Geschichtsunterricht nicht aufgepasst haben oder nicht zum Unterricht gekommen sind. Wie auch in Deutschland sucht man in Schweden nach Antworten und Lösungen, um auf dieses Problem richtig reagieren zu können. In Schweden hatte man jetzt die Idee, so viele Jugendliche wie möglich zum Besuch einer Holocaust-Gedenkstätte zu schicken. Holocaust-Gedenkstätten sind Orte, an denen an die Opfer der Nazizeit, aber auch an die Verbrechen Nazi-Deutschlands, erinnert werden soll. Man will durch die Erinnerung an die Opfer des Holocausts und die Verbrechen der Nazis erreichen, dass die Menschen diese dunkle Zeit in der europäischen Geschichte nicht vergessen. Trotzdem steigt die Zahl der registrierten Fälle von Rechtsextremismus und Antisemitismus in der Öffentlichkeit und in den sozialen Medien in den letzten Jahren wieder. Die schwedische Regierung will jetzt in den kommenden drei Jahren 1,4 Millionen Euro in den Besuch von Holocaust-Gedenkstätten für junge Schweden investieren, um ihr Verständnis für diesen schrecklichen Teil der europäischen Geschichte zu verbessern.

Fragen:

1. Welches Problem hat Deutschland?

2. Hat das Problem nur Deutschland?

3. Wo gibt es das Problem auch?

4. Wo haben in Schweden Teile der Bevölkerung scheinbar nicht aufgepasst?

5. Was ist eine andere Erklärung für ihre Ignoranz?

6. Was sucht man sowohl in Deutschland als auch in Schweden?

7. Wofür sucht man nach Antworten und Lösungen?

8. Welche Idee hatte man jetzt in Schweden?

9. Was sind Holocaust-Gedenkstätten? An wen soll hier erinnert werden?

10. Soll an einer Holocaust-Gedenkstätte nur an die Opfer erinnert werden?

11. Was will man durch die Erinnerung an die Opfer des Holocausts und die Verbrechen der Nazis erreichen?

12. Wie will man erreichen, dass die Menschen diese dunkle Zeit der europäischen Geschichte nicht vergessen?

13. Was steigt aber trotzdem?

14. Wo steigt die Zahl der registrierten Fälle von Rechtsextremismus und Antisemitismus?

15. Wie viel will die schwedische Regierung jetzt in den Besuch von Holocaust-Gedenkstätten investieren?

16. Über welchen Zeitraum will die schwedische Regierung das Geld investieren?

17. In was will die schwedische Regierung 1,4 Millionen Euro investieren?

18. Was will die Regierung damit erreichen? Warum investiert sie das Geld?

Lösungen:

1. Welches Problem hat Deutschland?

Deutschland hat ein Problem mit Neonazis und Antisemitismus.

2. Hat das Problem nur Deutschland?

Nein, nicht nur Deutschland hat das Problem.

3. Wo gibt es das Problem auch?

Auch in Schweden gibt es das Problem.

4. Wo haben in Schweden Teile der Bevölkerung scheinbar nicht aufgepasst?

Teile der Bevölkerung haben im Geschichtsunterricht nicht aufgepasst.

5. Was ist eine andere Erklärung für ihre Ignoranz?

Sie sind nicht zum Unterricht gekommen.

6. Was sucht man sowohl in Deutschland als auch in Schweden?

Man sucht nach Antworten und Lösungen.

7. Wofür sucht man nach Antworten und Lösungen?

Man sucht nach Antworten und Lösungen, um auf dieses Problem richtig reagieren zu können.

8. Welche Idee hatte man jetzt in Schweden?

Man will so viele Jugendliche wie möglich zum Besuch einer Holocaust-Gedenkstätte schicken.

9. Was sind Holocaust-Gedenkstätten? An wen soll hier erinnert werden?

Holocaust-Gedenkstätten sind Orte, an denen an die Opfer der Nazizeit, aber auch an die Verbrechen Nazi-Deutschlands, erinnert werden soll.

10. Soll an einer Holocaust-Gedenkstätte nur an die Opfer erinnert werden?

Nein, es soll auch an die Verbrechen Nazi-Deutschlands erinnert werden.

11. Was will man durch die Erinnerung an die Opfer des Holocausts und die Verbrechen der Nazis erreichen?

Man will erreichen, dass die Menschen diese dunkle Zeit der europäischen Geschichte nicht vergessen.

12. Wie will man erreichen, dass die Menschen diese dunkle Zeit der europäischen Geschichte nicht vergessen?

Man will das durch die Erinnerung an die Opfer des Holocausts und die Verbrechen der Nazis erreichen.

13. Was steigt aber trotzdem?

Trotzdem steigt die Zahl der registrierten Fälle von Rechtsextremismus und Antisemitismus in der Öffentlichkeit und in den sozialen Medien.

14. Wo steigt die Zahl der registrierten Fälle von Rechtsextremismus und Antisemitismus?

Die Zahl steigt in der Öffentlichkeit und in den sozialen Medien.

15. Wie viel will die schwedische Regierung jetzt in den Besuch von Holocaust-Gedenkstätten investieren?

Die schwedische Regierung will jetzt 1,4 Millionen Euro in den Besuch von Holocaust-Gedenkstätten investieren.

16. Über welchen Zeitraum will die schwedische Regierung das Geld investieren?

Die schwedische Regierung will das Geld in den kommenden drei Jahren investieren.

17. In was will die schwedische Regierung 1,4 Millionen Euro investieren?

Sie will das Geld in den Besuch von Holocaust-Gedenkstätten für junge Schweden investieren.

18. Was will die Regierung damit erreichen? Warum investiert sie das Geld?

Sie will das Verständnis von jungen Schweden für diesen schrecklichen Teil der europäischen Geschichte verbessern.

Übung 14: Flugzeug auf Kuba abgestürzt

Havanna (DPA) Auf Kuba ist ein Flugzeug abgestürzt. Viele der Passagiere sind gestorben. Es war gerade erst vom Flughafen gestartet. Es scheint, dass der Unfall in der Nähe des Terminal 1 passiert ist. Das Flugzeug sollte von der Hauptstadt Havanna in den Osten der Insel fliegen. Das Flugzeug war eine Boeing 737 und gehörte der staatlichen Fluggesellschaft. Die staatliche Fluggesellschaft hatte das Flugzeug von einer mexikanischen Fluggesellschaft gemietet. An Bord des Flugzeuges waren 105 Passagiere. Im Moment schätzt man, dass es 100 Opfer gibt, die bei dieser Tragödie ihr Leben verloren haben. Man hat nur drei Menschen gefunden, die den schweren Unfall überlebt haben. Aber sie haben schwere Verletzungen und sind in einem kritischen Zustand. Die Überlebenden wurden in ein Krankenhaus gebracht und dort versuchen die Ärzte, ihr Leben zu retten. Im Internet konnte man Videos von dem Absturz sehen. Auf den Videos sieht man viel Rauch. Es scheint, dass es ein Feuer gegeben hat. Schon 2010 hatte es einen schweren Flugzeug-Unfall auf Kuba gegeben. Bei dieser Tragödie war ein Flugzeug voll mit Touristen auf dem Weg nach Havanna abgestürzt. Bei diesem Unfall waren alle 68 Passagiere gestorben und es gab keine Überlebenden.

Fragen:

1. Was ist mit einem Flugzeug auf Kuba passiert?

2. Gibt es Tote? Sind Passagiere bei dem Absturz gestorben?

3. Wie lange war das Flugzeug schon in der Luft?

4. Was scheint es, wo ist der Unfall passiert?

5. Von wo nach wo sollte Flugzeug fliegen?

6. Welcher Typ war das Flugzeug?

7. Wem gehörte das Flugzeug?

8. Von wem hatte die staatliche Fluggesellschaft das Flugzeug gemietet?

9. Wie viele Passagiere waren an Board des Flugzeuges?

10. Wie viele Opfer gibt es? Was schätzt man im Moment?

11. Was ist mit diesen Opfern passiert?

12. Wie viele Überlebende hat man gefunden?

13. Geht es den drei Menschen gut? Sind sie unverletzt?

14. In welchem Zustand sind sie?

15. Wohin wurden die Überlebenden gebracht?

16. Was versuchen Ärzte im Krankenhaus?

17. Was konnte man im Internet sehen?

18. Was sieht man auf dem Video?

19. Was scheint es, was hat es bei dem Unfall gegeben?

20. Was hatte es schon 2010 auf Kuba gegeben?

21. Was war bei dieser Tragödie passiert?

22. Auf dem Weg wohin war das Flugzeug?

23. Wie viel Passagiere waren bei diesem Unfall gestorben?

24. Gab es Überlebende?

Lösungen:

1. Was ist mit einem Flugzeug auf Kuba passiert?

Auf Kuba ist ein Flugzeug abgestürzt.

2. Gibt es Tote? Sind Passagiere bei dem Absturz gestorben?

Ja, viele Passagiere sind gestorben.

3. Wie lange war das Flugzeug schon in der Luft?

Das Flugzeug war gerade erst gestartet.

4. Was scheint es, wo ist der Unfall passiert?

Es scheint, dass der Unfall in der Nähe des Terminal 1 passiert ist.

5. Von wo nach wo sollte Flugzeug fliegen?

Das Flugzeug sollte von der Hauptstadt Havanna in den Osten der Insel fliegen.

6. Welcher Typ war das Flugzeug?

Das Flugzeug war eine Boeing 737.

7. Wem gehörte das Flugzeug?

Es gehörte der staatlichen Fluggesellschaft.

8. Von wem hatte die staatliche Fluggesellschaft das Flugzeug gemietet?

Die staatliche Fluggesellschaft hatte das Flugzeug von einer mexikanischen Fluggesellschaft gemietet.

9. Wie viele Passagiere waren an Board des Flugzeuges?

An Bord des Flugzeuges waren 105 Passagiere.

10. Wie viele Opfer gibt es? Was schätzt man im Moment?

Im Moment schätzt man, dass es 100 Opfer gibt.

11. Was ist mit diesen Opfern passiert?

Sie haben bei dieser Tragödie ihr Leben verloren.

12. Wie viele Überlebende hat man gefunden?

Man hat nur drei Menschen gefunden, die den schweren Unfall überlebt haben.

13. Geht es den drei Menschen gut? Sind sie unverletzt?

Nein, sie haben schwere Verletzungen.

14. In welchem Zustand sind sie?

Sie sind in einem kritischen Zustand.

15. Wohin wurden die Überlebenden gebracht?

Die Überlebenden wurden in ein Krankenhaus gebracht.

16. Was versuchen Ärzte im Krankenhaus?

Sie versuchen, ihr Leben zu retten.

17. Was konnte man im Internet sehen?

Im Internet konnte man Videos von dem Absturz sehen.

18. Was sieht man auf dem Video?

Auf dem Video sieht man viel Rauch.

19. Was scheint es, was hat es bei dem Unfall gegeben?

Es scheint, dass es ein Feuer gegeben hat.

20. Was hatte es schon 2010 auf Kuba gegeben?

Schon 2010 hatte es einen schweren Flugzeug-Unfall auf Kuba gegeben.

21. Was war bei dieser Tragödie passiert?

Bei dieser Tragödie war ein Flugzeug voll mit Touristen abgestürzt.

22. Auf dem Weg wohin war das Flugzeug?

Das Flugzeug war auf dem Weg nach Havanna.

23. Wie viel Passagiere waren bei diesem Unfall gestorben?

Bei diesem Unfall waren alle 68 Passagiere gestorben.

24. Gab es Überlebende?

Nein, es gab keine Überlebenden.

Übung 15: Einen Tag mehr Ferien: Eltern bekommen Ärger mit der Polizei

München (DPA) In Bayern haben die Kinder jetzt Schulferien. Für viele Eltern ist das eine gute Gelegenheit, um mit der Familie in Urlaub zu fliegen oder zu fahren. Deshalb sind die Preise für Flüge und andere Reisen in dieser Zeit sehr teuer. Auch sind die Straßen an diesem Wochenende überall super voll und es gibt viel Verkehr. Für manche Eltern ist es deshalb eine gute Lösung, schon ein paar Tage früher ihre Reise zu beginnen. Die Flüge sind billiger und die Straßen nicht so voll. Das einzige Problem bei diesem Plan ist, dass ihre Kinder eigentlich noch Schule haben. In Deutschland gibt es eine generelle Schulpflicht. Die Kinder müssen in die Schule gehen. Dem Staat ist es egal, was die Eltern entscheiden. Die Kinder sind verpflichtet, in die Schule zu gehen. Aus diesem Grund macht die Polizei Kontrollen am Flughafen, um die Kinder zu finden, die eigentlich in der Schule sein sollten. An den Tagen vor dem ersten Ferienwochenende hat die Polizei bei Kontrollen am Flughafen 20 Schüler gefunden, die nicht in der Schule waren. In diesen Fällen müssen die Eltern eine Strafe bezahlen. Ob die Polizei die Schüler zurück in die Schule gebracht hat, ist nicht klar.

Fragen:

1. Was haben die Kinder in Bayern jetzt?

2. Wo haben die Kinder jetzt Schulferien?

3. Für wen ist das eine gute Gelegenheit, um mit der Familie in Urlaub zu fliegen oder zu fahren?

4. Warum ist das eine gute Gelegenheit für die Eltern?

5. Was passiert aber deshalb auch mit den Preisen für Reisen in dieser Zeit?

6. Wie sind die Straßen an diesem Wochenende überall?

7. Und was gibt es auch überall auf den Straßen?

8. Was ist deshalb für viele Eltern eine gute Lösung?

9. Warum ist das eine gute Idee? Sind die Flüge dann billiger?

10. Und sind die Straßen auch leerer? Oder sind sie genauso voll wie immer?

11. Aber bei diesem Plan gibt es ein kleines Problem. Welches Problem gibt es?

12. Was gibt es in Deutschland für die Kinder?

13. Was bedeutet das, dass es eine generelle Schulpflicht gibt?

14. Interessiert sich der Staat für die Entscheidungen der Eltern?

15. Zu was sind die Kinder verpflichtet?

16. Was macht die Polizei wegen der Schulpflicht?

17. Warum macht die Polizei Kontrollen am Flughafen?

18. Wo sollten die Kinder eigentlich sein?

19. Wie viele Schüler hat die Polizei bei Kontrollen am Flughafen vor dem ersten Ferienwochenende gefunden?

20. Wo waren die Schüler nicht? Wo sollten sie eigentlich sein?

21. Was müssen die Eltern in diesen Fällen machen?

22. Weiß man, ob die Polizei die Schüler zurück in die Schule gebracht hat?

Lösungen:

1. Was haben die Kinder in Bayern jetzt?

Die Kinder haben jetzt Schulferien.

2. Wo haben die Kinder jetzt Schulferien?

In Bayern haben die Kinder jetzt Schulferien.

3. Für wen ist das eine gute Gelegenheit, um mit der Familie in Urlaub zu fliegen oder zu fahren?

Für die Eltern ist das eine gute Gelegenheit.

4. Warum ist das eine gute Gelegenheit für die Eltern?

Das ist eine gute Gelegenheit für die Eltern, um mit der Familie in Urlaub zu fliegen oder zu fahren.

5. Was passiert aber deshalb auch mit den Preisen für Reisen in dieser Zeit?

Deshalb sind die Preise für Flüge und andere Reisen in dieser Zeit sehr teuer.

6. Wie sind die Straßen an diesem Wochenende überall?

Die Straßen sind an diesem Wochenende überall super voll.

7. Und was gibt es auch überall auf den Straßen?

Es gibt viel Verkehr.

8. Was ist deshalb für viele Eltern eine gute Lösung?

Eine gute Lösung für viele Eltern ist es, schon ein paar Tage früher ihre Reise zu beginnen.

9. Warum ist das eine gute Idee? Sind die Flüge dann billiger?

Ja, die Flüge sind billiger.

10. Und sind die Straßen auch leerer? Oder sind sie genauso voll wie immer?

Ja, die Straßen sind nicht so voll.

11. Aber bei diesem Plan gibt es ein kleines Problem. Welches Problem gibt es?

Ihre Kinder haben eigentlich noch Schule.

12. Was gibt es in Deutschland für die Kinder?

In Deutschland gibt es eine generelle Schulpflicht.

13. Was bedeutet das, dass es eine generelle Schulpflicht gibt?

Die Kinder müssen in die Schule gehen.

14. Interessiert sich der Staat für die Entscheidungen der Eltern?

Nein, es ist dem Staat egal, was die Eltern entscheiden.

15. Zu was sind die Kinder verpflichtet?

Die Kinder sind verpflichtet in die Schule zu gehen.

16. Was macht die Polizei wegen der Schulpflicht?

Die Polizei macht Kontrollen am Flughafen.

17. Warum macht die Polizei Kontrollen am Flughafen?

Die Polizei macht Kontrollen am Flughafen, um Kinder zu finden, die eigentlich in der Schule sein sollten.

18. Wo sollten die Kinder eigentlich sein?

Sie sollten eigentlich in der Schule sein.

19. Wie viele Schüler hat die Polizei bei Kontrollen am Flughafen vor dem ersten Ferienwochenende gefunden?

Die Polizei hat 20 Schüler gefunden.

20. Wo waren die Schüler nicht? Wo sollten sie eigentlich sein?

Sie waren nicht in der Schule.

21. Was müssen die Eltern in diesen Fällen machen?

Die Eltern müssen eine Strafe bezahlen.

22. Weiß man, ob die Polizei die Schüler zurück in die Schule gebracht hat?

Nein. Ob die Polizei die Schüler zurück in die Schule gebracht hat, ist nicht klar.

Übung 16: Angriff mit Messer im Zug: Zwei verletzte Personen

Flensburg (DPA) Am Bahnhof in Flensburg gab es eine Attacke mit einem Messer in einem Zug. Der Zug war auf dem Weg von Köln nach Flensburg. Der Angreifer hat bei dieser Attacke zwei Personen mit seinem Messer verletzt. Wie schwer die Verletzungen der zwei Menschen durch die Messerattacke sind, ist bis jetzt nicht klar. Die Polizei gab zu diesem Thema keine weiteren Details. Eine der zwei verletzten Personen ist eine Frau, die von Beruf Polizistin ist. Die 22-Jährige reiste im Zug. Da die Frau Polizistin ist, hatte sie eine Waffe, mit der sie sich gegen den Angreifer verteidigen konnte. Bei dem Versuch sich zu verteidigen wurde der Angreifer durch Schüsse aus der Waffe der Polizistin getötet. Nach Berichten von Zeugen, die auch im Zug reisten, kam es zwischen dem Angreifer und einer der zwei Personen zu einem Streit. Der Angreifer zog ein Messer aus der Tasche und attackierte die andere Person. Die Polizistin hatte den Streit gehört und wollte helfen. Als der Angreifer die Polizistin sah, versuchte er, sie zu attackieren. In diesem Moment tötete die Polizistin den Mann mit ihrer Waffe. Der Zugverkehr am Bahnhof in Flensburg wurde gestoppt und der Bahnhof komplett evakuiert. Im Moment gibt es keinen Verdacht für ein islamistisches Motiv.

Fragen:

1. Was ist am Bahnhof in Flensburg geschehen?

2. Wo gab es eine Attacke mit einem Messer?

3. Mit welcher Waffe gab es eine Attacke?

4. Von wo nach wo war der Zug auf dem Weg?

5. Wie viele Personen hat der Angreifer bei dieser Attacke verletzt?

6. Weiß man, wie schwer die Verletzungen der zwei Menschen durch die Messerattacke sind?

7. Durch was wurden die Verletzungen verursacht?

8. Warum weiß man nicht mehr über die Schwere der Verletzungen?

9. Wer ist eine der beiden Personen?

10. Welchen Beruf hat die Frau?

11. Wie alt ist die Polizistin?

12. Warum war die 22-Jährige im Zug?

13. Was hatte die Frau, da sie Polizistin ist?

14. Warum hatte die Frau eine Waffe?

15. Was konnte die Polizistin mit der Waffe machen?

16. Was passierte mit dem Angreifer, weil die Polizistin versuchte, sich zu verteidigen?

17. Warum wurde der Angreifer durch Schüsse aus der Waffe der Polizistin getötet?

18. Was sagen Zeugen über die Situation im Zug?

19. Warum waren die Zeugen während dem Streit in der Nähe?

20. Was zog der Angreifer aus seiner Tasche?

21. Was machte der Angreifer mit dem Messer?

22. Warum war die Polizistin während dem Streit in der Nähe?

23. Wie reagierte der Angreifer, als der Angreifer die Polizistin sah?

24. Was machte die Polizistin in diesem Moment mit ihrer Waffe?

25. Was geschah mit dem Zugverkehr am Bahnhof in Flensburg?

26. Was geschah mit dem Bahnhof?

27. Gibt es im Moment einen Verdacht für ein islamistisches Motiv?

Lösungen:

1. Was ist am Bahnhof in Flensburg geschehen?

Am Bahnhof in Flensburg gab es eine Attacke mit einem Messer in einem Zug.

2. Wo gab es eine Attacke mit einem Messer?

Am Bahnhof in Flensburg in einem Zug gab es es eine Attacke.

3. Mit welcher Waffe gab es eine Attacke?

Es gab eine Attacke mit einem Messer.

4. Von wo nach wo war der Zug auf dem Weg?

Der Zug war auf dem Weg von Köln nach Flensburg.

5. Wie viele Personen hat der Angreifer bei dieser Attacke verletzt?

Er hat zwei Personen mit seinem Messer verletzt.

6. Weiß man, wie schwer die Verletzungen der zwei Menschen durch die Messerattacke sind?

Nein, bis jetzt ist es nicht klar, wie schwer die Verletzungen sind.

7. Durch was wurden die Verletzungen verursacht?

Sie wurden durch eine Messerattacke verursacht.

8. Warum weiß man nicht mehr über die Schwere der Verletzungen?

Die Polizei gab zu diesem Thema keine Details.

9. Wer ist eine der beiden Personen?

Eine der beiden Personen ist eine Frau.

10. Welchen Beruf hat die Frau?

Sie ist von Beruf Polizistin.

11. Wie alt ist die Polizistin?

Sie ist 22 Jahre alt.

12. Warum war die 22-Jährige im Zug?

Sie reiste im Zug.

13. Was hatte die Frau, da sie Polizistin ist?

Da die Frau Polizistin ist, hatte sie eine Waffe.

14. Warum hatte die Frau eine Waffe?

Sie hatte eine Waffe, weil sie Polizistin ist.

15. Was konnte die Polizistin mit der Waffe machen?

Sie konnte sich mit der Waffe gegen den Angreifer verteidigen.

16. Was passierte mit dem Angreifer, weil die Polizistin versuchte, sich zu verteidigen?

Der Angreifer wurde durch Schüsse aus der Waffe der Polizistin getötet.

17. Warum wurde der Angreifer durch Schüsse aus der Waffe der Polizistin getötet?

Der Angreifer wurde getötet, weil die Polizistin versuchte, sich zu verteidigen.

18. Was sagen Zeugen über die Situation im Zug?

Nach Berichten von Zeugen kam es zwischen dem Angreifer und einer der zwei Personen zu einem Streit.

19. Warum waren die Zeugen während dem Streit in der Nähe?

Sie reisten auch im Zug.

20. Was zog der Angreifer aus seiner Tasche?

Der Angreifer zog ein Messer aus seiner Tasche.

21. Was machte der Angreifer mit dem Messer?

Er attackierte damit die andere Person.

22. Warum war die Polizistin während dem Streit in der Nähe?

Die Polizistin hatte den Streit gehört und wollte helfen.

23. Wie reagierte der Angreifer, als der Angreifer die Polizistin sah?

Er versuchte, sie zu attackieren.

24. Was machte die Polizistin in diesem Moment mit ihrer Waffe?

In diesem Moment tötete die Polizistin den Mann mit ihrer Waffe.

25. Was geschah mit dem Zugverkehr am Bahnhof in Flensburg?

Der Zugverkehr wurde gestoppt.

26. Was geschah mit dem Bahnhof?

Der Bahnhof wurde komplett evakuiert.

27. Gibt es im Moment einen Verdacht für ein islamistisches Motiv?

Nein, es gibt keinen Verdacht für ein islamistisches Motiv.

Übung 17: Putin: Neubeginn der Beziehung mit EU sind möglich

Wien (DPA) Russlands Präsident Putin hat in Wien darüber gesprochen, wie er die Beziehung seines Landes zur EU in der Zukunft sieht. Die Beziehung zwischen Russland und der EU ist in den letzten Jahren sehr schlecht. Geopolitische und geoökonomische Interessen und aggressive Propaganda auf beiden Seiten haben eine Situation der Distanz und Kälte zwischen Russland und der Europäischen Union geschaffen.Trotz der vielen Interessenskonflikte und Probleme glaubt Präsident Putin aber, *„dass ein Neubeginn der Beziehungen und der Zusammenarbeit nicht nur im Interesse Russlands, sondern auch im Interesse unserer europäischen Freunde ist."* Russlands Präsident sagte auch, dass es Dialoge gibt, bei denen mit Politikern und Funktionären der EU darüber gesprochen wird, wie man die existierenden Mechanismen und Instrumente der Kooperation wieder reparieren und benutzen kann. Die Gespräche sind konstruktiv, aber auch sehr kompliziert. Putin ist im Moment zu Besuch in Wien, um in Gesprächen mit verschiedenen österreichischen Politikern über die Beziehungen und Zusammenarbeit der beiden Länder zu diskutieren. Es ist der erste Besuch im Ausland des russischen Präsidenten nach seiner erfolgreichen Wiederwahl.

Fragen:

1. Über was hat Präsident Putin in Wien gesprochen?

2. Über welche Zeit hat Putin gesprochen? Die Gegenwart oder die Zukunft?

3. Über die Beziehungen welcher Länder oder politischer Konstruktionen hat er gesprochen?

4. Von welchem Land ist Putin Präsident?

5. Wie ist die Beziehung zwischen Russland und der EU in den letzten Jahren?

6. Was haben geopolitische und geoökonomische Interessen und aggressive Propaganda auf

beiden Seiten geschaffen?

7. Durch welche Faktoren wurde eine Situation der Distanz und Kälte zwischen Russland und der Europäischen Union geschaffen?

8. Wie kann man die Situation zwischen Russland und der EU beschreiben?

9. Aber was glaubt Präsident Putin trotz der vielen Interessenkonflikte und Probleme?

10. Was glaubt Präsident Putin, ist im Interesse ihrer europäischen Freunde?

11. Gibt es schon Dialoge, bei denen wieder über Kooperation gesprochen wird?

12. Welche sind die Themen, über die bei diesen Dialogen gesprochen wird?

13. Welche sind die Ziele der Dialoge? Was will man reparieren und wieder benutzen?

14. Sind die Gespräche konstruktiv oder eher destruktiv?

15. Wo ist Putin im Moment zu Besuch?

16. Warum ist im Moment zu Besuch in Wien?

17. Worüber diskutiert Präsident Putin mit verschiedenen österreichischen Politikern?

18. Der wievielte Besuch im Ausland des russischen Präsidenten ist es nach seiner erfolgreichen Wiederwahl?

Lösungen:

1. Über was hat Präsident Putin in Wien gesprochen?

Russlands Präsident Putin hat in Wien darüber gesprochen, wie er die Beziehung seines Landes zur EU in der Zukunft sieht.

2. Über welche Zeit hat Putin gesprochen? Die Gegenwart oder die Zukunft?

Er hat über die Zukunft gesprochen.

3. Über die Beziehungen welcher Länder oder politischer Konstruktionen hat er gesprochen?

Er hat über die Beziehungen seines Landes zur EU gesprochen.

4. Von welchem Land ist Putin Präsident?

Er ist der Präsident von Russland.

5. Wie ist die Beziehung zwischen Russland und der EU in den letzten Jahren?

Die Beziehung zwischen Russland und der EU ist in den letzten Jahren sehr schlecht.

6. Was haben geopolitische und geoökonomische Interessen und aggressive Propaganda auf beiden Seiten geschaffen?

Geopolitische und geoökonomische Interessen und aggressive Propaganda auf beiden Seiten haben eine Situation der Distanz und Kälte zwischen Russland und der Europäischen Union geschaffen.

7. Durch welche Faktoren wurde eine Situation der Distanz und Kälte zwischen Russland und der Europäischen Union geschaffen?

Durch geopolitische und geoökonomische Interessen und aggressive Propaganda auf beiden Seiten wurde diese Situation geschaffen.

8. Wie kann man die Situation zwischen Russland und der EU beschreiben?

Es ist eine Situation der Distanz und Kälte.

9. Aber was glaubt Präsident Putin trotz der vielen Interessenkonflikte und Probleme?

Er glaubt, „dass ein Neubeginn der Beziehungen und der Zusammenarbeit nicht nur im Interesse Russlands, sondern auch im Interesse unserer europäischen Freunde ist."

10. Was glaubt Präsident Putin, ist im Interesse ihrer europäischen Freunde?

Ein Neubeginn der Beziehungen und der Zusammenarbeit ist im Interesse ihrer europäischen Freunde.

11. Gibt es schon Dialoge, bei denen wieder über Kooperation gesprochen wird?

Ja, Russlands Präsident sagte auch, dass es Dialoge gibt, bei denen mit Politikern und Funktionären der EU gesprochen wird.

12. Welche sind die Themen, über die bei diesen Dialogen gesprochen wird?

Bei diesen Dialogen wird darüber gesprochen, wie man die existierenden Mechanismen und Instrumente der Kooperation wieder reparieren und benutzen kann.

13. Welche sind die Ziele der Dialoge? Was will man reparieren und wieder benutzen?

Man will die existierenden Mechanismen und Instrumente der Kooperation wieder reparieren und benutzen.

14. Sind die Gespräche konstruktiv oder eher destruktiv?

Die Gespräche sind konstruktiv, aber auch sehr kompliziert.

15. Wo ist Putin im Moment zu Besuch?

Putin ist im Moment zu Besuch in Wien.

16. Warum ist im Moment zu Besuch in Wien?

Er ist in Wien, um in Gesprächen mit verschiedenen österreichischen Politikern über die Beziehungen und Zusammenarbeit der beiden Länder zu diskutieren.

17. Worüber diskutiert Präsident Putin mit verschiedenen österreichischen Politikern?

Er diskutiert mit verschiedenen österreichischen Politikern über die Beziehungen und Zusammenarbeit der beiden Länder.

18. Der wievielte Besuch im Ausland des russischen Präsidenten ist es nach seiner erfolgreichen Wiederwahl?

Es ist der erste Besuch im Ausland des russischen Präsidenten nach seiner erfolgreichen Wiederwahl.

Übung 18: Waffensysteme ohne künstliche Intelligenz von Google

Mountain View (DPA) Nach vielen internen und kontroversen Diskussionen hat das Unternehmen Google entschieden, dass es keine künstliche Intelligenz für Waffensysteme des amerikanischen Militärs entwickeln will. Das Unternehmen erklärte aber auch, dass es die Zusammenarbeit mit der amerikanischen Regierung und dem Militär in anderen Bereichen nicht beenden will. In den letzten Monaten hatte es im Unternehmen starke Kritik an der Zusammenarbeit mit einem Drohnen-Projekt des Militärs gegeben. Das Militärprojekt benutzte Chips, die von Google produziert werden. Die Chips dienen dazu, mit Hilfe von maschinellem Lernen die Identifikation von Objekten auf dem Boden durch Kameras zu verbessern. Viele Mitarbeiter von Google kritisierten die Zusammenarbeit und erklärten, dass sie nicht in einem Unternehmen arbeiten wollten, welches an diesem Typ von Projekten mitarbeitet. Ein Sprecher des Unternehmens sagte, dass das Projekt nicht für Angriffe entwickelt würde. Google will die Zusammenarbeit am Projekt nun 2019 beenden. Außerdem veröffentlichte das Unternehmen nun aktualisierte Regeln für die Zusammenarbeit mit Militär und Regierung. Von Google entwickelte Produkte dürfen nach den neuen Regeln nicht für Angriffe oder Überwachung dienen.

Fragen:

1. Was hat das Unternehmen Google nach vielen internen und kontroversen Diskussionen entschieden?

2. Was ist im Unternehmen vor dieser Entscheidung passiert?

3. Was wird Google nicht für das amerikanische Militär entwickeln?

4. Was erklärte das Unternehmen aber auch?

5. Was will Google nicht beenden?

6. An welcher Zusammenarbeit hatte es in den letzten Monaten starke Kritik gegeben?

7. Welches war das Thema des Projekts?

8. Mit wem hat Google bei diesem Projekt zusammen gearbeitet?

9. Welches Produkt von Google benutzte das Militärprojekt?

10. Wozu dienen die Chips?

11. Mit Hilfe von welcher Technologie will man die Identifikation von Objekten auf dem Boden verbessern?

12. Von welchen Geräten will man die Identifikation von Objekten auf dem Boden verbessern?

13. Was machten aber viele Mitarbeiter von Google?

14. Was erklärten sie als Teil ihrer Kritik?

15. Was sagte ein Sprecher des Unternehmens zu diesem Thema? Für was würde das Projekt nicht entwickelt?

16. Bis wann will Google nun die Zusammenarbeit beenden?

17. Was veröffentlichte das Unternehmen außerdem?

18. Für die Zusammenarbeit mit wem veröffentlichte das Unternehmen nun aktualisierte Regeln?

19. Wofür dürfen von Google entwickelte Produkte nach den neuen Regeln nicht dienen?

Lösungen:

1. Was hat das Unternehmen Google nach vielen internen und kontroversen Diskussionen entschieden?

Das Unternehmen Google hat entschieden, dass es keine künstliche Intelligenz für Waffensysteme des amerikanischen Militärs entwickeln will.

2. Was ist im Unternehmen vor dieser Entscheidung passiert?

Es gab viele interne und kontroverse Diskussionen über das Thema.

3. Was wird Google nicht für das amerikanische Militär entwickeln?

Google wird keine künstliche Intelligenz für Waffensysteme des amerikanischen Militärs entwickeln.

4. Was erklärte das Unternehmen aber auch?

Das Unternehmen erklärte aber auch, dass es die Zusammenarbeit mit der amerikanischen Regierung und dem Militär in anderen Bereichen nicht beenden will.

5. Was will Google nicht beenden?

Google will die Zusammenarbeit mit der amerikanischen Regierung und dem Militär in anderen Bereichen nicht beenden.

6. An welcher Zusammenarbeit hatte es in den letzten Monaten starke Kritik gegeben?

In den letzten Monaten hatte es im Unternehmen starke Kritik an der Zusammenarbeit mit einem Drohnen-Projekt des Militärs gegeben.

7. Welches war das Thema des Projekts?

Es war ein Drohnen-Projekt.

8. Mit wem hat Google bei diesem Projekt zusammen gearbeitet?

Google hat mit dem Militär zusammen gearbeitet.

9. Welches Produkt von Google benutzte das Militärprojekt?

Das Militärprojekt benutzte Chips, die von Google produziert werden.

10. Wozu dienen die Chips?

Die Chips dienen dazu, mit Hilfe von maschinellem Lernen die Identifikation von Objekten auf dem Boden durch Kameras zu verbessern.

11. Mit Hilfe von welcher Technologie will man die Identifikation von Objekten auf dem Boden verbessern?

Mit Hilfe von maschinellem Lernen will man die Identifikation verbessern.

12. Von welchen Geräten will man die Identifikation von Objekten auf dem Boden verbessern?

Man will die Identifikation von Objekten auf dem Boden durch Kameras verbessern.

13. Was machten aber viele Mitarbeiter von Google?

Viele Mitarbeiter von Google kritisierten die Zusammenarbeit.

14. Was erklärten sie als Teil ihrer Kritik?

Sie erklärten, dass sie nicht in einem Unternehmen arbeiten wollten, welches an diesem Typ von Projekten mitarbeitet.

15. Was sagte ein Sprecher des Unternehmens zu diesem Thema? Für was würde das Projekt nicht entwickelt?

Ein Sprecher des Unternehmens sagte, dass das Projekt nicht für Angriffe entwickelt würde.

16. Bis wann will Google nun die Zusammenarbeit beenden?

Google will die Zusammenarbeit am Projekt nun 2019 beenden.

17. Was veröffentlichte das Unternehmen außerdem?

Außerdem veröffentlichte das Unternehmen nun aktualisierte Regeln für die Zusammenarbeit mit Militär und Regierung.

18. Für die Zusammenarbeit mit wem veröffentlichte das Unternehmen nun aktualisierte Regeln?

Für die Zusammenarbeit mit Militär und Regierung veröffentlichte das Unternehmen nun aktualisierte Regeln.

19. Wofür dürfen von Google entwickelte Produkte nach den neuen Regeln nicht dienen?

Von Google entwickelte Produkte dürfen nach den neuen Regeln nicht für Angriffe oder Überwachung dienen.

Übung 19: Flughafen Heathrow in London wird vergrößert

London (DPA) Im britischen Parlament gab es am Montagabend eine Diskussion über die Vergrößerung des Flughafen Heathrow. Am Ende der Diskussion gab es eine klare Mehrheit für die Vergrößerung des Flughafens. Heathrow ist der größte Flughafen in Europa und jetzt soll eine dritte Start- und Landebahn gebaut werden, wo die Flugzeuge landen und starten können. Die Konstruktion der Startbahn wird mehrere Milliarden Euro kosten. Während der Debatte gab es eine laute und leidenschaftliche Konfrontation zwischen Politikern, die für das Projekt sind, und Politikern, die gegen das Projekt sind. Letztendlich waren 415 Parlamentarier für das Projekt und 119 waren gegen das Projekt. Wenn die Konstruktion beendet ist, werden von der Startbahn täglich mehr als 700 Flugzeuge starten und auf ihr landen. Außerdem müssen hunderte Häuser in der Nähe des Flughafens abgerissen werden, um Platz für das Bauprojekt zu machen. Die Organisation Greenpeace warnt vor Konsequenzen für die Luftqualität in der Stadt. Geplant ist, dass das Projekt bis 2025 fertig ist und die ersten Flugzeuge starten können. Der Preis für die Konstruktion soll aus privater Hand bezahlt werden. Es wird geschätzt, dass das Großprojekt ungefähr 20,6 Milliarden Euro kosten wird. Die Investition soll in den nächsten Jahren Wirtschaftswachstum im Wert von 100 Milliarden Euro bringen.

Fragen:

1. Worüber gab es am Montagabend eine Diskussion im britischen Parlament?

2. Wo gab es am Montagabend eine Diskussion?

3. Gab es am Ende der Diskussion eine Mehrheit oder eine Minderheit für die Vergrößerung des Flughafens?

4. Ist der Flughafen Heathrow ein großer und wichtiger Flughafen in Europa?

5. Was soll jetzt gebaut werden?

6. Was können Flugzeuge auf der Start- und Landebahn machen?

7. Wie viel Geld wird die Konstruktion der Startbahn kosten?

8. Was gab es während der Debatte?

9. Zwischen welchen Politikern gab es eine laute und leidenschaftliche Konfrontation?

10. Wie viele Parlamentarier waren letztendlich für das Projekt?

11. Wie viele Parlamentarier waren gegen das Projekt?

12. Wie viele Flugzeuge werden täglich von der Startbahn starten und auf ihr landen?

13. Wann werden mehr als 700 Flugzeuge täglich von der Startbahn starten?

14. Was muss außerdem mit hunderten Häusern in der Nähe des Flughafens gemacht werden?

15. Warum müssen so viele Häuser abgerissen werden?

16. Wovor warnt die Organisation Greenpeace?

17. Was ist geplant? Bis wann soll das Projekt fertig sein?

18. Und was können dann 2025 die ersten Flugzeuge machen, wenn das Projekt fertig ist?

19. Wer soll den Preis für die Konstruktion des neuen Flughafen bezahlen?

20. Was wird geschätzt, wie viel wird das Großprojekt ungefähr kosten?

21. Was soll die Investition in den nächsten Jahren bringen?

Lösungen:

1. Worüber gab es am Montagabend eine Diskussion im britischen Parlament?

Im britischen Parlament gab es am Montagabend eine Diskussion über die Vergrößerung des Flughafen Heathrow.

2. Wo gab es am Montagabend eine Diskussion?

Im britischen Parlament gab es am Montagabend eine Diskussion.

3. Gab es am Ende der Diskussion eine Mehrheit oder eine Minderheit für die Vergrößerung des Flughafens?

Am Ende gab es eine klare Mehrheit für die Vergrößerung des Flughafens.

4. Ist der Flughafen Heathrow ein großer und wichtiger Flughafen in Europa?

Ja, Heathrow ist der größte Flughafen in Europa.

5. Was soll jetzt gebaut werden?

Jetzt soll eine dritte Start- und Landebahn gebaut werden.

6. Was können Flugzeuge auf der Start- und Landebahn machen?

Die Flugzeuge können dort starten und landen.

7. Wie viel Geld wird die Konstruktion der Startbahn kosten?

Die Konstruktion der Startbahn wird mehrere Milliarden Euro kosten.

8. Was gab es während der Debatte?

Während der Debatte gab es eine laute und leidenschaftliche Konfrontation zwischen Politikern.

9. Zwischen welchen Politikern gab es eine laute und leidenschaftliche Konfrontation?

Es gab eine laute und leidenschaftliche Konfrontation zwischen Politikern, die für das Projekt sind, und Politikern, die gegen das Projekt sind.

10. Wie viele Parlamentarier waren letztendlich für das Projekt?

Letzten-endlich waren 415 Parlamentarier für das Projekt.

11. Wie viele Parlamentarier waren gegen das Projekt?

119 Parlamentarier waren gegen das Projekt.

12. Wie viele Flugzeuge werden täglich von der Startbahn starten und auf ihr landen?

Mehr als 700 Flugzeuge werden von der Startbahn starten und auf ihr landen.

13. Wann werden mehr als 700 Flugzeuge täglich von der Startbahn starten?

Wenn die Konstruktion beendet ist.

14. Was muss außerdem mit hunderten Häusern in der Nähe des Flughafens gemacht werden?

Außerdem müssen hunderte Häuser in der Nähe des Flughafens abgerissen werden.

15. Warum müssen so viele Häuser abgerissen werden?

Die Häuser müssen abgerissen werden, um Platz für das Bauprojekt zu machen.

16. Wovor warnt die Organisation Greenpeace?

Die Organisation Greenpeace warnt vor Konsequenzen für die Luftqualität in der Stadt.

17. Was ist geplant? Bis wann soll das Projekt fertig sein?

Geplant ist, dass das Projekt bis 2025 fertig ist.

18. Und was können dann 2025 die ersten Flugzeuge machen, wenn das Projekt fertig ist?

Die ersten Flugzeuge können starten.

19. Wer soll den Preis für die Konstruktion des neuen Flughafen bezahlen?

Der Preis für die Konstruktion soll aus privater Hand bezahlt werden.

20. Was wird geschätzt, wie viel wird das Großprojekt ungefähr kosten?

Es wird geschätzt, dass das Großprojekt ungefähr 20,6 Milliarden Euro kosten wird.

21. Was soll die Investition in den nächsten Jahren bringen?

Die Investition soll in den nächsten Jahren Wirtschaftswachstum im Wert von 100 Milliarden Euro bringen.

Übung 20: Zölle: China versucht zu deeskalieren

Peking (dpa) Zwischen den USA und China gibt es im Moment einen Handelskonflikt. Die USA haben begonnen, viele Produkte, die aus China kommen, mit hohen Zöllen teurer zu machen. Das Ziel ist, dass die Preise für die chinesischen Produkte für die Amerikaner zu hoch sind und diese deshalb beginnen, mehr amerikanische Produkte zu kaufen. Auf diese Weise will die Regierung von Donald Trump die amerikanische Wirtschaft unterstützen und stärken. China versucht nun auf diplomatischem Weg, den amerikanischen Präsidenten davon zu überzeugen, dass er die Situation nicht weiter eskaliert. Die momentane Wirtschaftspolitik der US-Regierung sei nicht der Weg, um freien Handel und freie Investitionen in einer globalen und friedlichen Welt zu unterstützen und zu fördern, sagte ein Sprecher der chinesischen Regierung. Man konnte sehen, dass China einen Weg sucht, die Situation nicht weiter zu eskalieren und den Handelsstreit mit den Amerikanern zu entspannen. Auf der anderen Seite wird es für China schwierig werden, weil das Land auf die Maßnahmen der Trump-Administration gegen seine Exporte reagieren muss. China hatte letztes Jahr Produkte im Wert von 505 Milliarden Dollar in die USA exportiert, aber das Land hatte nur Waren im Wert von 130 Milliarden Dollar importiert. Diese Differenz in der Handelsbilanz ist einer der Gründe, warum die Trump-Regierung begonnen hat, Zölle auf chinesische Waren zu erheben.

Fragen:

1. Was gibt es im Moment zwischen den USA und China?

2. Zwischen welchen Ländern gibt es im Moment einen Handelskonflikt?

3. Was haben die USA begonnen, mit Produkten, die aus China kommen, zu machen?

4. Wie machen die USA die Produkte, die aus China kommen, teurer?

5. Was ist das Ziel dieser Aktion?

6. Was sollen die Amerikaner wegen der hohen Preise beginnen?

7. Was ist das Ziel der Regierung von Donald Trump? Was will die Regierung auf diese Weise erreichen?

8. Was versucht China auf diplomatischem Weg?

9. Von was versucht China den amerikanischen Präsidenten zu überzeugen?

10. Was sagte ein Sprecher der chinesischen Regierung über die momentane Wirtschaftspolitik der US-Regierung?

11. Was fördert und unterstützt die momentane Wirtschaftspolitik der US-Regierung nicht?

12. Wer sagte diese Kritik an der amerikanischen Wirtschaftspolitik?

13. Was konnte man sehen? Was sucht China?

14. Was will China mit dem Handelsstreit mit den Amerikanern machen?

15. Aber warum wird es für China auf der anderen Seite schwierig?

16. Auf welche Maßnahmen muss China reagieren?

17. Gegen wen oder gegen was gehen die Maßnahmen der Trump-Administration?

18. In welcher Höhe hatte China letztes Jahr Produkte in die USA exportiert?

19. Aber in welcher Höhe hatte China letztes Jahr nur Waren aus den USA importiert?

20. Was ist diese Differenz in der Handelsbilanz für die Trump-Regierung?

21. Was hat die Trump-Regierung wegen der Differenz in der Handelsbilanz begonnen?

Lösungen:

1. Was gibt es im Moment zwischen den USA und China?

Zwischen den USA und China gibt es im Moment einen Handelskonflikt.

2. Zwischen welchen Ländern gibt es im Moment einen Handelskonflikt?

Es gibt einen Handelskonflikt zwischen den USA und China.

3. Was haben die USA begonnen, mit Produkten, die aus China kommen, zu machen?

Die USA haben begonnen, viele Produkte, die aus China kommen, mit hohen Zöllen teurer zu machen.

4. Wie machen die USA die Produkte, die aus China kommen, teurer?

Die USA machen die Produkte mit hohen Zöllen teurer.

5. Was ist das Ziel dieser Aktion?

Das Ziel ist, dass die Preise für die chinesischen Produkte für die Amerikaner zu hoch sind.

6. Was sollen die Amerikaner wegen der hohen Preise beginnen?

Die Amerikaner sollen beginnen, mehr amerikanische Produkte zu kaufen.

7. Was ist das Ziel der Regierung von Donald Trump? Was will die Regierung auf diese Weise erreichen?

Auf diese Weise will die Regierung von Donald Trump die amerikanische Wirtschaft unterstützen und stärken.

8. Was versucht China auf diplomatischem Weg?

China versucht nun auf diplomatischem Weg, den amerikanischen Präsidenten davon zu überzeugen, dass er die Situation nicht weiter eskaliert.

9. Von was versucht China den amerikanischen Präsidenten zu überzeugen?

China versucht, den amerikanischen Präsidenten davon zu überzeugen, dass er die Situation nicht weiter eskaliert.

10. Was sagte ein Sprecher der chinesischen Regierung über die momentane Wirtschaftspolitik der US-Regierung?

Er sagte, die momentane Wirtschaftspolitik der US-Regierung sei nicht der Weg, um freien Handel und freie Investitionen in einer globalen und friedlichen Welt zu unterstützen und zu fördern.

11. Was fördert und unterstützt die momentane Wirtschaftspolitik der US-Regierung nicht?

Die momentane Wirtschaftspolitik der US-Regierung unterstützt und fördert den freien Handel und freie Investitionen in einer globalen und friedlichen Welt nicht.

12. Wer sagte diese Kritik an der amerikanischen Wirtschaftspolitik?

Ein Sprecher der chinesischen Regierung sagte diese Kritik.

13. Was konnte man sehen? Was sucht China?

China sucht einen Weg, die Situation nicht weiter zu eskalieren.

14. Was will China mit dem Handelsstreit mit den Amerikanern machen?

China will den Handelsstreit mit den Amerikanern entspannen.

15. Aber warum wird es für China auf der anderen Seite schwierig?

Auf der anderen Seite wird es für China schwierig werden, weil das Land auf die Maßnahmen der

Trump-Administration gegen seine Exporte reagieren muss.

16. Auf welche Maßnahmen muss China reagieren?

China muss auf die Maßnahmen gegen seine Exporte reagieren.

17. Gegen wen oder gegen was gehen die Maßnahmen der Trump-Administration?

Die Maßnahmen gehen gegen die Exporte Chinas.

18. In welcher Höhe hatte China letztes Jahr Produkte in die USA exportiert?

China hatte letztes Jahr Produkte im Wert von 505 Milliarden Dollar in die USA exportiert

19. Aber in welcher Höhe hatte China letztes Jahr nur Waren aus den USA importiert?

Aber das Land hatte nur Waren im Wert von 130 Milliarden Dollar importiert.

20. Was ist diese Differenz in der Handelsbilanz für die Trump-Regierung?

Diese Differenz in der Handelsbilanz ist einer der Gründe, warum die Trump-Regierung begonnen hat,

Zölle auf chinesische Waren zu erheben.

21. Was hat die Trump-Regierung wegen der Differenz in der Handelsbilanz begonnen?

Die Trump-Regierung hat begonnen, Zölle auf chinesische Waren zu erheben.

Übung 21: Jugendlicher stirbt durch einen Stromschlag

Darmstadt (DPA) In Darmstadt ist ein Jugendlicher am Mittwoch an einem Stromschlag gestorben. Der dreizehnjährige Junge hatte auf dem Bahnhof von Darmstadt mit Freunden gespielt. Wie es scheint, ist der Junge auf einen der Waggons geklettert, die normalerweise Güter transportieren. Über den Güterwaggons gibt es Stromleitungen, die die Waggons mit Starkstrom versorgen. Diese Leitungen transportieren 15 000 Volt. Die Menge an Strom, die durch die Leitungen fließt, ist viel höher als in normalen Leitungen im Haus (230 Volt). Der Stromschlag beim Kontakt mit einer Starkstromleitung ist lebensgefährlich. Aber im Unterschied zu einer normalen Stromleitung, muss man die Leitung nicht einmal berühren. Es ist schon genug, wenn man in die Nähe der Leitung kommt. Zum Beispiel, wenn man auf einem Güterwaggon steht. Die Polizei sagt, dass der Junge mit drei anderen Kindern am Bahnhof gespielt hat. Die Kinder haben einen riesigen Schock. Die Polizei will ein paar Tage warten, um die Kinder zu befragen. Die Deutsche Bahn wiederholte ihre Warnungen, dass es gefährlich und unverantwortlich sei, sich im Bereich der Gleise und Züge zu bewegen oder zu spielen. Immer wieder passieren Unfälle, weil Kinder - aber auch Erwachsene - die Risiken und Gefahren unterschätzen und nicht ernst nehmen.

Fragen:

1. Was ist mit einem Jugendlichen am Mittwoch in Darmstadt passiert?

2. Woran ist der Jugendliche gestorben?

3. Wie alt war der Junge?

4. Was hatte der Junge auf dem Bahnhof von Darmstadt gemacht?

5. Was hat der Junge scheinbar gemacht?

6. Auf welchen Typ Waggons ist der Junge geklettert?

7. Was gibt es über den Güterwaggons?

8. Was machen die Stromleitungen? Was ist ihre Funktion?

9. Wie viel Volt transportieren diese Leitungen?

10. Ist die Menge an Strom, die durch die Leitungen fließt, höher oder niedriger als in normalen Leitungen im Haus?

11. Wie hoch ist die Menge an Strom, die durch Leitungen im Haus fließt?

12. Ist der Stromschlag beim Kontakt mit einer Starkstromleitung gefährlich?

13. Muss man eine Starkstromleitung berühren, um in Lebensgefahr zu sein?

14. Was ist schon genug, um in Lebensgefahr zu sein?

15. Wann ist man zum Beispiel zu nah an der Starkstromleitung?

16. Was sagt die Polizei über die Situation des Unfalls?

17. Wie geht es den Kindern?

18. Was will die Polizei machen, bevor sie die Kinder befragt?

19. Wie lange will die Polizei warten, um die Kinder zu befragen?

20. Wie reagierte die Deutsche Bahn? Was wiederholte das Unternehmen?

21. Was ist der Inhalt dieser Warnungen?

22. Passieren oft Unfälle oder ist das eher selten?

23. Warum passieren immer wieder Unfälle?

24. Was unterschätzen Kinder und Erwachsene immer wieder?

Lösungen:

1. Was ist mit einem Jugendlichen am Mittwoch in Darmstadt passiert?

In Darmstadt ist ein Jugendlicher am Mittwoch an einem Stromschlag gestorben.

2. Woran ist der Jugendliche gestorben?

Der Jugendliche ist an einem Stromschlag gestorben.

3. Wie alt war der Junge?

Der Junge war dreizehn Jahre alt.

4. Was hatte der Junge auf dem Bahnhof von Darmstadt gemacht?

Der Junge hatte auf dem Bahnhof von Darmstadt mit Freunden gespielt.

5. Was hat der Junge scheinbar gemacht?

Wie es scheint, ist der Junge auf einen Waggon geklettert.

6. Auf welchen Typ Waggons ist der Junge geklettert?

Der Junge ist auf einen der Waggons geklettert, die normalerweise Güter transportieren.

7. Was gibt es über den Güterwaggons?

Über den Güterwaggons gibt es Stromleitungen.

8. Was machen die Stromleitungen? Was ist ihre Funktion?

Sie versorgen die Waggons mit Starkstrom.

9. Wie viel Volt transportieren diese Leitungen?

Die Leitungen transportieren 15 000 Volt.

10. Ist die Menge an Strom, die durch die Leitungen fließt, höher oder niedriger als in normalen Leitungen im Haus?

Die Menge an Strom, die durch die Leitungen fließt, ist viel höher als in normalen Leitungen im Haus.

11. Wie hoch ist die Menge an Strom, die durch Leitungen im Haus fließt?

Die Menge an Strom, die durch Leitungen im Haus fließt, ist 230 Volt.

12. Ist der Stromschlag beim Kontakt mit einer Starkstromleitung gefährlich?

Ja, der Stromschlag beim Kontakt mit einer Starkstromleitung ist lebensgefährlich.

13. Muss man eine Starkstromleitung berühren, um in Lebensgefahr zu sein?

Nein, im Unterschied zu einer normalen Stromleitung, muss man die Leitung nicht einmal berühren.

14. Was ist schon genug, um in Lebensgefahr zu sein?

Es ist schon genug, wenn man in die Nähe der Leitung kommt.

15. Wann ist man zum Beispiel zu nah an der Starkstromleitung?

Man ist zum Beispiel zu nah, wenn man auf einem Güterwaggon steht.

16. Was sagt die Polizei über die Situation des Unfalls?

Die Polizei sagt, dass der Junge mit drei anderen Kindern am Bahnhof gespielt hat.

17. Wie geht es den Kindern?

Die Kinder haben einen riesigen Schock.

18. Was will die Polizei machen, bevor sie die Kinder befragt?

Die Polizei will ein paar Tage warten, um die Kinder zu befragen.

19. Wie lange will die Polizei warten, um die Kinder zu befragen?

Die Polizei will ein paar Tage warten.

20. Wie reagierte die Deutsche Bahn? Was wiederholte das Unternehmen?

Die Deutsche Bahn wiederholte ihre Warnungen.

21. Was ist der Inhalt dieser Warnungen?

Der Inhalt dieser Warnungen ist, dass es gefährlich und unverantwortlich sei, sich im Bereich der Gleise und Züge zu bewegen oder zu spielen.

22. Passieren oft Unfälle oder ist das eher selten?

Es passieren immer wieder Unfälle.

23. Warum passieren immer wieder Unfälle?

Immer wieder passieren Unfälle, weil Kinder - aber auch Erwachsene - die Risiken und Gefahren unterschätzen und nicht ernst nehmen.

24. Was unterschätzen Kinder und Erwachsene immer wieder?

Kinder und Erwachsene unterschätzen immer wieder die Risiken und Gefahren.

Übung 22: Streit trotz glücklicher Rettungsaktion

Bangkok (DPA) In Thailand gab es in den letzten Tagen ein großes Drama, das letztendlich aber ein glückliches Ende nahm. Zwölf junge Fußballspieler und ihr Trainer waren in einer Höhle eingeschlossen gewesen. Der Zugang zu der Höhle war mit Wasser voll gelaufen und die Jugendlichen und ihr Trainer konnten sie nicht mehr verlassen. Ein Team aus nationalen und internationalen Tauchern konnte sie schließlich während einer komplizierten Rettungsaktion befreien. Die jungen Leute sind im Moment noch im Krankenhaus zur Beobachtung, aber werden dieses wahrscheinlich bald verlassen dürfen. Trotz der glücklichen Rettungsaktion gibt es jetzt allerdings einen dummen und unnötigen Streit zwischen einem Taucher, Vern Unsworth, und dem Erfinder und Multimilliardär Elon Musk. Elon Musk ist bekannt durch seine Automarke Tesla und sein Bezahlsystem Paypal, welches ihn reich gemacht hat. Der Erfinder hatte von einem seiner vielen Unternehmen ein U-Boot bauen lassen und es nach Thailand fliegen lassen. Aber die Hilfe des Erfinders war am Ende nicht so willkommen, wie es sich der Multimilliardär gedacht hatte. Das Rettungsteam aus nationalen und internationalen Experten lehnte die Hilfe von Elon Musk dankend ab und verzichtete auf das Angebot. Schon während der Rettungsaktion gab es viel Kritik am Multimilliardär. Kritiker sagten, dass das U-Boot von Elon Musk nur eine PR-Aktion sei und Aufmerksamkeit für seine Person und seine Unternehmen generieren solle. Der britische Taucher Unsworth war der Meinung, dass das U-Boot nicht funktionieren könne, weil es zu groß und zu wenig flexibel für die schwierige Aufgabe im Höhlenlabyrinth unter Wasser sei. „Es wäre nicht einmal 50 Meter in die Höhle hinein gekommen", sagte der Tauchprofi. Leute, die die Gegend und die Bedingungen für Taucher kennen, hatten die gleiche Meinung. Scheinbar fühlte sich der Multimilliardär schlecht behandelt oder er dachte, dass die Leute in Thailand sich nicht dankbar genug gezeigt hatten. Auf seinem Twitter-Konto begann er den Taucher zu attackieren und sogar als Pädophilen zu beschimpfen. Nach wütenden Reaktionen auf seine Beleidigungen löschte er eine ganze Serie von Nachrichten von seinem Konto. Der britische Taucher Unsworth weiß noch nicht, ob er den Multimilliardär wegen Beleidigung verklagen wird. Verständlich wäre es.

Fragen:

1. Was gab es in den letzten Tagen in Thailand?

2. Nahm das Drama letztendlich ein glückliches Ende?

3. Was war passiert? Warum gab es ein großes Drama?

4. Warum konnten die Leute die Höhle nicht mehr verlassen? Was war mit dem Zugang passiert?

5. Und weil der Zugang mit Wasser voll gelaufen war, was konnten die Jugendlichen und ihr Trainer nicht mehr machen?

6. Wer konnte die eingeschlossenen Menschen aber schließlich befreien?

7. War die Rettungsaktion einfach und ohne Schwierigkeiten?

8. Wo sind die jungen Leute im Moment noch?

9. Wozu sind sie noch im Krankenhaus?

10. Aber werden sie noch lange im Krankenhaus bleiben müssen?

11. Was gibt es aber jetzt trotz der glücklichen Rettungsaktion?

12. Zwischen wem gibt es den dummen und unnötigen Streit?

13. Hat Elon Musk viel Geld?

14. Wodurch ist Elon Musk bekannt?

15. Was hat sein Bezahlsystem Paypal für ihn gemacht?

16. Was hatte der Erfinder von einem seiner Unternehmen bauen lassen?

17. Und was hatte er dann mit dem fertigen U-Boot gemacht?

18. Aber war die Hilfe des Erfinders am Ende so willkommen, wie es sich der Multimilliardär gedacht hatte?

19. Was machte das Rettungsteam aus nationalen und internationalen Experten mit der Hilfe von Elon Musk?

20. Auf was verzichtete das Rettungsteam?

21. Was gab es allerdings schon während der Rettungsaktion für den Milliardär?

22. Was sagten Kritiker über das U-Boot?

23. Was sagten die Kritiker, was solle die PR-Aktion generieren?

24. Welcher Meinung war der britische Taucher?

25. Warum war er dieser Meinung?

26. Was sagte der Tauchprofi, wie weit wäre das U-Boot in die Höhle hinein gekommen?

27. Gab es Leute, die die gleiche Meinung wie der Tauchprofi hatten?

28. Wie fühlte sich der Multimilliardär scheinbar?

29. Oder was dachte er vielleicht?

30. Was begann Elon Musk deshalb auf seinem Twitter-Konto?

31. Und als was beschimpfte er den Taucher sogar?

32. Wie reagierte aber das Internet auf seine Beleidigungen?

33. Was machte Elon Musk schließlich wegen der wütenden Reaktionen?

34. Was weiß der britische Taucher Unsworth noch nicht?

35. Wegen was könnte der Taucher den Multimilliardär verklagen?

36. Wäre das verständlich?

Lösungen:

1. Was gab es in den letzten Tagen in Thailand?

In den letzten Tag gab es ein großes Drama in Thailand.

2. Nahm das Drama letztendlich ein glückliches Ende?

Ja, letztendlich nahm das große Drama ein glückliches Ende.

3. Was war passiert? Warum gab es ein großes Drama?

Zwölf junge Fußballspieler und ihr Trainer waren in einer Höhle eingeschlossen gewesen.

4. Warum konnten die Leute die Höhle nicht mehr verlassen? Was war mit dem Zugang passiert?

Der Zugang zu der Höhle war mit Wasser voll gelaufen.

5. Und weil der Zugang mit Wasser voll gelaufen war, was konnten die Jugendlichen und ihr Trainer nicht mehr machen?

Die Jugendlichen und ihr Trainer konnten die Höhle nicht mehr verlassen.

6. Wer konnte die eingeschlossenen Menschen aber schließlich befreien?

Ein Team aus nationalen und internationalen Tauchern konnte sie schließlich befreien.

7. War die Rettungsaktion einfach und ohne Schwierigkeiten?

Nein, die Rettungsaktion war kompliziert.

8. Wo sind die jungen Leute im Moment noch?

Die Jungen Leute sind im Moment noch im Krankenhaus.

9. Wozu sind sie noch im Krankenhaus?

Sie sind noch im Krankenhaus zur Beobachtung.

10. Aber werden sie noch lange im Krankenhaus bleiben müssen?

Nein, sie werden das Krankenhaus wahrscheinlich bald verlassen dürfen.

11. Was gibt es aber jetzt trotz der glücklichen Rettungsaktion?

Trotz der glücklichen Rettungsaktion gibt es jetzt allerdings einen dummen und unnötigen Streit.

12. Zwischen wem gibt es den dummen und unnötigen Streit?

Es gibt einen dummen und unnötigen Streit zwischen einem Taucher, Vern Unsworth, und dem Erfinder und Multimilliardär Elon Musk.

13. Hat Elon Musk viel Geld?

Ja, er ist Multimilliardär.

14. Wodurch ist Elon Musk bekannt?

Elon Musk ist bekannt durch seine Automarke Tesla und sein Bezahlsystem Paypal.

15. Was hat sein Bezahlsystem Paypal für ihn gemacht?

Sein Bezahlsystem Paypal hat ihn reich gemacht.

16. Was hatte der Erfinder von einem seiner Unternehmen bauen lassen?

Der Erfinder hatte von einem seiner Unternehmen ein U-Boot bauen lassen.

17. Und was hatte er dann mit dem fertigen U-Boot gemacht?

Er hatte es nach Thailand fliegen lassen.

18. Aber war die Hilfe des Erfinders am Ende so willkommen, wie es sich der Multimilliardär gedacht hatte?

Nein, die Hilfe des Erfinders war am Ende nicht so willkommen, wie es sich der Multimilliardär gedacht hatte.

19. Was machte das Rettungsteam aus nationalen und internationalen Experten mit der Hilfe von Elon Musk?

Das Rettungsteam aus nationalen und internationalen Experten lehnte die Hilfe von Elon Musk dankend ab.

20. Auf was verzichtete das Rettungsteam?

Das Rettungsteam verzichtete auf das Angebot.

21. Was gab es allerdings schon während der Rettungsaktion für den Milliardär?

Schon während der Rettungsaktion gab es viel Kritik am Multimilliardär.

22. Was sagten Kritiker über das U-Boot?

Kritiker sagten, dass das U-Boot von Elon Musk nur eine PR-Aktion sei.

23. Was sagten die Kritiker, was solle die PR-Aktion generieren?

Die Kritiker sagten, dass die PR-Aktion nur Aufmerksamkeit für seine Person und seine Unternehmen generieren solle.

24. Welcher Meinung war der britische Taucher?

Der britische Taucher Unsworth war der Meinung, dass das U-Boot nicht funktionieren könne.

25. Warum war er dieser Meinung?

Er war dieser Meinung, weil das U-Boot zu groß und zu wenig flexibel für die schwierige Aufgabe im Höhlenlabyrinth unter Wasser sei.

26. Was sagte der Tauchprofi, wie weit wäre das U-Boot in die Höhle hinein gekommen?

Es wäre nicht einmal 50 Meter in die Höhle hinein gekommen", sagte der Tauchprofi.

27. Gab es Leute, die die gleiche Meinung wie der Tauchprofi hatten?

Ja. Leute, die die Gegend und die Bedingungen für Taucher kennen, hatten die gleiche Meinung.

28. Wie fühlte sich der Multimilliardär scheinbar?

Scheinbar fühlte sich der Multimilliardär schlecht behandelt.

29. Oder was dachte er vielleicht?

Er dachte vielleicht, dass die Leute in Thailand sich nicht dankbar genug gezeigt hatten.

30. Was begann Elon Musk deshalb auf seinem Twitter-Konto?

Auf seinem Twitter-Konto begann er den Taucher zu attackieren.

31. Und als was beschimpfte er den Taucher sogar?

Er beschimpfte den Taucher sogar als Pädophilen.

32. Wie reagierte aber das Internet auf seine Beleidigungen?

Das Internet reagierte mit wütenden Reaktionen.

33. Was machte Elon Musk schließlich wegen der wütenden Reaktionen?

Nach wütenden Reaktionen auf seine Beleidigungen löschte er eine ganze Serie von Nachrichten von seinem Konto.

34. Was weiß der britische Taucher Unsworth noch nicht?

Der britische Taucher Unsworth weiß noch nicht, ob er den Multimilliardär wegen Beleidigung verklagen wird.

35. Wegen was könnte der Taucher den Multimilliardär verklagen?

Der Taucher könnte den Multimilliardär wegen Beleidigung verklagen.

36. Wäre das verständlich?

Ja, das wäre verständlich.

Übung 23: Polizei folgt dem Geld und findet arabische Kriminelle

Berlin (DPA) Die Polizei hat in Berlin einen arabischen Mann verhaftet. Nach Informationen, die die Polizei hatte, war der Mann arbeitslos und hatte sehr wenig Geld. Er lebte von Arbeitslosengeld und Kindergeld. Die Polizei war auf den Mann aufmerksam geworden, weil er Wohnungen und Grundstücke kaufte, obwohl er für diese Käufe eigentlich kein Geld haben sollte. Die ganze Geschichte begann vor vier Jahren, im Jahr 2004. In Berlin-Mariendorf gab es einen Einbruch in einer Bank, der Erinnerungen an einen Kinofilm wachen werden ließ. Bei diesem Einbruch konnten die Diebe fast 9 Millionen Euro stehlen. Bis heute weiß die Polizei nicht, was mit dem Geld passiert ist. Einer der Diebe war der Bruder des arabischen Mannes, der jetzt verhaftet wurde. Der Bruder musste für acht Jahre wegen schweren Diebstahls ins Gefängnis. Die Polizei beobachtete die Familie des Arabers in den letzten Jahren und die Wohnungs- und Grundstückskäufe des Mannes weckten die Aufmerksamkeit der Polizisten. Benutzte der arabische Mann das gestohlene Geld, um die Immobilienkäufe zu finanzieren? War das der Weg, um das gestohlene Geld zu waschen? Diese Fragen machten die Polizei sehr neugierig und sie begann das Thema genauer zu untersuchen. Letzte Woche präsentierte die Polizei erste Resultate ihrer Untersuchungen. 77 Wohnungen, Häuser und Grundstücke in Berlin und seiner Umgebung wurden für den Moment von der Polizei beschlagnahmt. Die beschlagnahmten Immobilien haben einen Wert von ungefähr 9,3 Millionen Euro. Die Polizei hat Untersuchungen gegen 16 Personen aus der arabischen Großfamilie eröffnet. Alle 16 Personen leben in Berlin. Die Polizei glaubt, dass diese Personen beziehungsweise der arabische Clan in kriminelle Aktivitäten wie Geldwäsche, Drogenhandel, Menschenhandel und Korruption verwickelt sind. Die Polizei glaubt auch, dass ein anderer Diebstahl auf das Konto des Clans geht. Im März 2017 hatten Diebe eine goldene Münze aus einem Museum in Berlin gestohlen. Die Münze wiegt 100 Kilo und hat einen Wert von 3,7 Millionen Euro. Alle Informationen und Indizien, die die Polizei hat, zeigen in Richtung der arabischen Großfamilie. Bis heute hat man aber keine Idee, wo die Münze sein könnte. Berlin hat ein großes Problem mit arabischen Banden und Familienclans, die in der Hauptstadt Straßen und ganze Viertel kontrollieren.

Fragen:

1. Wen hat die Polizei in Berlin verhaftet?

2. Was war der Mann nach Informationen, die die Polizei hatte?

3. Hatte der Mann viel Geld?

4. Wovon lebte er?

5. Warum war die Polizei auf den Mann aufmerksam geworden?

6. Was war die Polizei geworden, weil der Mann Wohnungen und Grundstücke kaufte?

7. Warum haben die Aktivitäten des Mannes die Aufmerksamkeit der Polizei geweckt?

8. Wann begann die ganze Geschichte?

9. Was gab es in Berlin-Mariendorf?

10. Was ließ dieser Einbruch wach werden?

11. Wie viel Geld konnten die Diebe bei diesem Einbruch stehlen?

12. Weiß die Polizei, was mit dem Geld passiert ist? Hat sie das Geld gefunden?

13. Wer war einer der Diebe? Welche Beziehung hatte er zu dem arabischen Mann?

14. Was ist jetzt mit dem arabischen Mann passiert?

15. Für wie lange musste der Bruder ins Gefängnis?

16. Was war der Grund dafür, dass der Bruder ins Gefängnis musste?

17. Was machte die Polizei mit der Familie des Arabers in den letzten Jahren?

18. Was weckte die Aufmerksamkeit der Polizisten?

19. Wen oder was weckten die Wohnungs- und Grundstückskäufe des Mannes?

20. Was dachten die Polizisten, was machte der Mann mit dem gestohlenen Geld? Welche Frage stellten sie sich?

21. Was dachten die Polizisten weiter? Wofür war das der Weg?

22. Was machten die Fragen mit der Polizei?

23. Was begann die Polizei deshalb?

24. Was präsentierte die Polizei letzte Woche?

25. Was wurde von der Polizei für den Moment beschlagnahmt?

26. Welchen Wert haben die beschlagnahmten Immobilien?

27. Gegen wen hat die Polizei Untersuchungen eröffnet?

28. Was hat die Polizei gegen 16 Personen eröffnet?

29. Wo leben die 16 Personen?

30. Was glaubt die Polizei, in was sind diese Personen verwickelt?

31. Was glaubt die Polizei auch? Gab es einen anderen Diebstahl?

32. Was war bei diesem anderen Diebstahl gestohlen worden?

33. Von wo hatten die Diebe die goldene Münze gestohlen?

34. Wie viel wiegt die Münze?

35. Welchen Wert hat die Münze?

36. In welche Richtung zeigen alle Informationen und Indizien, die die Polizei hat?

37. Weiß man, wo die Münze sein könnte? Hat man eine Idee? Eine Ahnung?

38. Hat die Stadt Berlin ein Problem mit arabischen Banden und Familienclans?

39. Was kontrollieren die Banden und Familienclans in Berlin?

Lösungen:

1. Wen hat die Polizei in Berlin verhaftet?

Die Polizei hat in Berlin einen arabischen Mann verhaftet.

2. Was war der Mann nach Informationen, die die Polizei hatte?

Nach Informationen der Polizei war der Mann arbeitslos.

3. Hatte der Mann viel Geld?

Nein, der Mann hatte sehr wenig Geld.

4. Wovon lebte er?

Er lebte von Arbeitslosengeld und Kindergeld.

5. Warum war die Polizei auf den Mann aufmerksam geworden?

Die Polizei war auf den Mann aufmerksam geworden, weil er Wohnungen und Grundstücke kaufte.

6. Was war die Polizei geworden, weil der Mann Wohnungen und Grundstücke kaufte?

Die Polizei war auf den Mann aufmerksam geworden.

7. Warum haben die Aktivitäten des Mannes die Aufmerksamkeit der Polizei geweckt?

Weil er Wohnungen und Grundstücke kaufte, obwohl er für diese Käufe eigentlich kein Geld haben sollte.

8. Wann begann die ganze Geschichte?

Die ganze Geschichte begann vor vier Jahren, im Jahr 2004.

9. Was gab es in Berlin-Mariendorf?

In Berlin-Mariendorf gab es einen Einbruch in einer Bank.

10. Was ließ dieser Einbruch wach werden?

Der Einbruch ließ Erinnerungen an einen Kinofilm wach werden.

11. Wie viel Geld konnten die Diebe bei diesem Einbruch stehlen?

Bei diesem Einbruch konnten die Diebe fast 9 Millionen Euro stehlen.

12. Weiß die Polizei, was mit dem Geld passiert ist? Hat sie das Geld gefunden?

Bis heute weiß die Polizei nicht, was mit dem Geld passiert ist.

13. Wer war einer der Diebe? Welche Beziehung hatte er zu dem arabischen Mann?

Einer der Diebe war der Bruder des arabischen Mannes.

14. Was ist jetzt mit dem arabischen Mann passiert?

Er wurde jetzt verhaftet.

15. Für wie lange musste der Bruder ins Gefängnis?

Der Bruder musste für acht Jahre ins Gefängnis.

16. Was war der Grund dafür, dass der Bruder ins Gefängnis musste?

Der Bruder musste wegen schweren Diebstahls ins Gefängnis.

17. Was machte die Polizei mit der Familie des Arabers in den letzten Jahren?

Die Polizei beobachtete die Familie des Arabers in den letzten Jahren.

18. Was weckte die Aufmerksamkeit der Polizisten?

Die Wohnungs- und Grundstückskäufe des Mannes weckten die Aufmerksamkeit der Polizisten.

19. Wen oder was weckten die Wohnungs- und Grundstückskäufe des Mannes?

Sie weckten die Aufmerksamkeit der Polizisten.

20. Was dachten die Polizisten, was machte der Mann mit dem gestohlenen Geld? Welche Frage stellten sie sich?

Benutzte der arabische Mann das gestohlene Geld, um die Immobilienkäufe zu finanzieren?

21. Was dachten die Polizisten weiter? Wofür war das der Weg?

War das der Weg, um das gestohlene Geld zu waschen?

22. Was machten die Fragen mit der Polizei?

Diese Fragen machten die Polizei sehr neugierig.

23. Was begann die Polizei deshalb?

Sie begann das Thema genauer zu untersuchen.

24. Was präsentierte die Polizei letzte Woche?

Letzte Woche präsentierte die Polizei erste Resultate ihrer Untersuchungen.

25. Was wurde von der Polizei für den Moment beschlagnahmt?

77 Wohnungen, Häuser und Grundstücke in Berlin und seiner Umgebung wurden für den Moment von der Polizei beschlagnahmt.

26. Welchen Wert haben die beschlagnahmten Immobilien?

Die beschlagnahmten Immobilien haben einen Wert von ungefähr 9,3 Millionen Euro.

27. Gegen wen hat die Polizei Untersuchungen eröffnet?

Die Polizei hat Untersuchungen gegen 16 Personen aus der arabischen Großfamilie eröffnet.

28. Was hat die Polizei gegen 16 Personen eröffnet?

Die Polizei hat Untersuchungen eröffnet.

29. Wo leben die 16 Personen?

Alle 16 Personen leben in Berlin.

30. Was glaubt die Polizei, in was sind diese Personen verwickelt?

Die Polizei glaubt, dass diese Personen in kriminelle Aktivitäten wie Geldwäsche, Drogenhandel, Menschenhandel und Korruption verwickelt sind.

31. Was glaubt die Polizei auch? Gab es einen anderen Diebstahl?

Die Polizei glaubt auch, dass ein anderer Diebstahl auf das Konto des Clans geht.

32. Was war bei diesem anderen Diebstahl gestohlen worden?

Im März 2017 hatten Diebe eine goldene Münze gestohlen.

33. Von wo hatten die Diebe die goldene Münze gestohlen?

Sie hatten die Münze aus einem Museum in Berlin gestohlen.

34. Wie viel wiegt die Münze?

Die Münze wiegt 100 Kilo.

35. Welchen Wert hat die Münze?

Die Münze hat einen Wert von 3,7 Millionen Euro.

36. In welche Richtung zeigen alle Informationen und Indizien, die die Polizei hat?

Alle Informationen und Indizien, die die Polizei hat, zeigen in Richtung der arabischen Großfamilie.

37. Weiß man, wo die Münze sein könnte? Hat man eine Idee? Eine Ahnung?

Bis heute hat man aber keine Idee, wo die Münze sein könnte.

38. Hat die Stadt Berlin ein Problem mit arabischen Banden und Familienclans?

Berlin hat ein großes Problem mit arabischen Banden und Familienclans.

39. Was kontrollieren die Banden und Familienclans in Berlin?

Sie kontrollieren Straßen und ganze Viertel.

Made in the USA
Monee, IL
14 December 2021